北京市民语言文化阅读书系

总主编　贺宏志

名不虚传

——北京老字号的语言与文化

李艳　编著

名不虚传老字号　意境悠悠文化深

2017年·北京

图书在版编目(CIP)数据

名不虚传:北京老字号的语言与文化/李艳编著.—北京:商务印书馆,2017
(北京市民语言文化阅读书系)
ISBN 978-7-100-15284-6

Ⅰ.①名… Ⅱ.①李… Ⅲ.①老字号—研究—北京 Ⅳ.①F279.271

中国版本图书馆 CIP 数据核字(2017)第 222495 号

名不虚传——北京老字号的语言与文化

李艳 编著

商 务 印 书 馆 出 版
(北京王府井大街 36 号 邮政编码 100710)
商 务 印 书 馆 发 行
北京市十月印刷有限公司印刷
ISBN 978-7-100-15284-6

2017 年 10 月第 1 版 开本 880×1240 1/32
2017 年 10 月北京第 1 次印刷 印张 7
定价:21.00 元

总 序

北京是我国“八大古都”之一和当代政治、文化中心，拥有七项世界遗产，是世界上拥有文化遗产项目数最多的城市。作为一座有着三千余年建城史、八百六十余年建都史的历史文化名城，文化积淀灿烂芬芳。语言作为文化的核心内容，是非物质文化的主要载体，也是所有物质文化的解读体。在北京地域文化中，蕴含着丰富的语言文化资源。为做好北京语言类非物质文化遗产保护工作和传承独具特色的京味语言文化，同时也为北京市民开展丰富多彩的社区语言文化活动提供学习参考读本，“北京市民语言文化阅读书系”应时而生。我认为书系的策划者、组织者、编撰者做了一件很有意义的事情。

书系旨在以生动鲜活的文例，向读者普及语言文字应用规范及历史文化内涵，提供优质的语言文化精神食粮，丰富北京市民的语言文化生活；旨在提炼与北京文化相关的语言文化精华，引导读者领略京味文化的情与趣；旨在为读者提供宣传、弘扬北京语言文化的优质素材，从而使大家从语言文化视角熟悉北京、喜爱北京。

书系选材涵盖古都成语、京腔京韵、京城新语、京味美文、京华地名、北京俗语、古迹文踪、古城书法等方面，内容丰富、图文并茂、意趣盎然，体现了科学性与趣味性的统一、知识性与京味儿的统一、深挖掘与接地气的统一、小薄本与大文化的统一。我作为一名资深北京市民，得以预览书稿，颇觉先睹为快、开卷有益，每一册恰如一道北京的特色小吃，京味芳香。

“最是书香能致远”。阅读既是提升语言能力的途径，也是语言能力的表现。2014 年 6 月，由中国政府与联合国教科文组织共同举办的世界语言大会在苏州举行，来自一百多个国家和地区的约四百位代表围绕“语言能力与人类文明和社会进步”这一主题，就语言能力与社会可持续发展、语言能力与语言教育创新、语言能力与国际交流合作等议题进行讨论，达成了“语言能力是激发文化活力，促进认知发展，推动社会进步和经济繁荣的根本因素”“以科学研究带动语言教育创新，从而提升语言能力”“促进人民、机构、国家之间的交流和学习是提升语言能力的重要途径，语言能力的提升也有利于促进人民、机构、国家之间的交流和文明互鉴”等一系列重要共识。语言能力是个体综合能力的基础与核心，阅读应该成为每个人的生存状态与生活方式。

推动全民阅读，是提高国民语言能力的必由之路。党的十八大报告首次将“开展全民阅读活动”纳入我国社会主义文化强国建设。去年和今年的全国“两会”，“全民阅读”连续写进《政府工作报告》。李克强总理在十二届全国人大三次会议所作《政府工作报告》中强调“倡导全民阅读，建设书香社会”。3月15日，李克强总理答记者问，谈到“全民阅读”两次写进《政府工作报告》时表示，现在我们国家民众每年的阅读量还不到有些国家人均的十分之一，希望全民阅读氛围能无处不在，这有助于发展创新力量，增加社会道德力量。

建设书香社会，是提高国民语言能力的基础工程。这一工程需要一支庞大的会阅读、爱阅读的人群加入，并充分发挥引领作用。近年来，北京市大力扶持“公共阅读空间”。2014 年 4 月 23 日（世界读书日），北京三联韬奋书店开始实行 24 小时营业，到年底盈利增长了 130%，受到社会各界关注，也逐渐成为北京一个新的文化地标。

提供更多优秀文化作品，是提高国民语言能力的重要保障。正如习近平总书记指出：“我们要通过文艺作品传递真善美，传递向上向善的价值观”。包含诗词、书法、成语等语言文化在内的中华优秀传统文化是我们取之不竭的精神源泉，其中承载着强大的道德力量。

作为一名教育学者，我认为“北京市民语

言文化阅读书系”的推出，也是对社会教育的贡献，有助于北京市民终身学习的发展和北京学习型城市的建设。书系在4月23日世界读书日首发，并启动“北京市民语言文化阅读季”，是对“倡导全民阅读，建设书香社会”主张的积极响应和贯彻落实，立意可谓高远，定位可谓精准，行动可谓扎实。诚望这一活动可持续开展，切实走进社区、走进家庭、走进学校，结出累累硕果。

商务印书馆作为我国文化传播界的重镇，精心出版“北京市民语言文化阅读书系”是一项很有眼光的举措。希望“北京市民语言文化阅读书系”不断丰富，真正成为广大市民群众爱不释手的文化读本。

是为序。

2015年3月22日

目 录

引言

2006年，北京有67家企业（品牌）入选商务部认定的首批中华老字号：

食品加工类25家——吴裕泰、稻香村、中茶、六必居、桂馨斋、天福号、天源酱园、元长厚、桂香村、月盛斋、通三益、京糖、王致和、张一元、京晶、义利、龙门（醋业）、金狮（酿造）、TP（茶叶）、稻香春、龙徽酿酒、白玉（豆制品）、牛栏山、百花（蜂产品）、红星；

餐饮饭庄类21家——来今雨轩、馄饨侯、柳泉居、烤肉宛、砂锅居、同和居、烤肉季、鸿宾楼、首都玉华台、同春园、华天延吉、又一顺、峨嵋、便宜坊、都一处、壹条龙、天兴居、全聚德、丰泽园、听鹂馆、东来顺；

服饰鞋帽类7家——同升和（鞋店）、盛锡

福（帽业）、大明（眼镜）、精益（眼镜）、内联升（鞋业）、步瀛斋（鞋帽）、瑞蚨祥（绸布）；

医药类“老字号”2家——白塔寺药店、同仁堂；

书画工美类5家——工美、京珐牌（珐琅）、一得阁、荣宝斋、戴月轩；

百货日杂类4家——东安（王府井百货）、XDSC（西单商场）、成文厚（账簿卡片）、菜百；

照相类2家——中国照相馆、大北（照相馆）；

美容美发类1家——四联（美容美发）。

本书第四讲至八讲将主要以前五类“老字号”为例，探讨“老字号”的语言与文化。

如今在北京，即便是便利店都会有不少老字号的商品；如果是规模略大一些的超市，“中华老字号”名头的品牌往往不下几十个。老字号已经深深融入老北京人的生活中。

比如，六必居或是天源酱园的干黄酱，是一碗地道炸酱面的必备原料；冬季涮锅、夏季凉面，离不开芝麻酱，特别是入夏以后，北京人家里多会备上王致和、六必居的芝麻酱，过水面拌上，令人唇齿留香、百吃不厌。汪曾祺先生在其《老舍先生》一文中回忆到，有一年北京芝麻酱缺货，老舍先生说“北京人夏天离不开芝麻酱”，并通过提案呼吁“希望政府解决芝麻酱的供应问题”，不久，北京的油盐店就可以买到芝麻酱了。从而，留下了一段利民佳话。

老字号的魅力：一是个个来历不凡，二是坚守品质优异，三是独特的经营理念。在北京日益国际化、信息化的今天，这些历史的、文化的精华，亟待弘扬与传承。这方面，义利的一些创新做法值得借鉴，比如其在位于大兴的食品厂，开放加工车间，供游客参观生产流程；建造了壁画长廊帮助游客了解品牌的历史与文化；并且，在厂区内打造了卡通风格的“义利乐园”，推出了面包制作亲子体验项目。当小朋友们品尝到自己亲手制作的面包、流连于有趣的卡通乐园中时，义利已经成为他们心中的难忘记忆了吧。

老字号对一些经营理念的注重、对一些细

节的坚守，在百年的时光中沉淀为某种气质，成为城市文化的一部分，消费者品味的是产品和服务，同时，这又是一种文化、一种记忆。这种商业文化连同它对消费者的影响力，无疑会对今天的年轻企业形成一种示范作用。这本小书，意在为弘扬“老字号”语言文化方面，做些尝试。

现在，让我们一起去看一看在“老字号”的百年兴衰沉浮中，有哪些值得关注的语言文化内涵吧。

第一讲
“字号”的用法演变

根据《商务部关于实施“振兴老字号工程”的通知》中所定义的，中华老字号（China Time-honored Brand）是指历史悠久，拥有世代传承的产品、技艺或服务，具有鲜明的中华民族传统文化背景和深厚的文化底蕴，取得社会广泛认同，形成良好信誉的品牌。

字号，从字面上说，即由文字所构成的具有可识别功能的符号。那么，为何要用“字号”来指代品牌呢？这一用法与古代人的字号使用之间有什么样的关联？

一　从“字”“号”到“字号”

“字”与“号”本为人名系统中两个独立元

素。在漫长的历史变迁中，“字号”连在一起使用，渐渐衍生出了新的含义——名誉与品牌。

（一）人名系统中的“字”与“号”

我国古代，姓、名与字、号共同构成人名符号组合。“姓”继承自一个人的家族，“名”“字”“号”是一个人专属的符号。

其中，“字”是对“名”的解释与补充，与“名”相表里，故“字”又被称为“表字”，如屈原，名平、字原，原为广平之意；岳飞，名飞、字鹏举，鹏举为大鹏展翅飞翔之意，与“飞”相呼应；陆游，名游、字务观，观与游意义相同；班固，名固、字孟坚，孟表明排行，坚与固同义；等等。

古人取“字”不仅有与“名”意义相同、相近的，还有相辅相成的，甚至意义相反的，形成一种耐人寻味的“字”“名”文化。如白居易，名居易、字乐天，两者形成一种相辅相成的解释关系，因为“乐天”所以才能“居易”；宋代作家晁补之，名补之、字无咎，“咎”乃过错之意，因为能“补”过，所以才能“无咎”。不仅互为解释的“字”与“名”可以相映成趣，“名”

和“字”的意义相反，同样能产生这样的效果，如朱熹，名熹、字元晦，“熹”是亮、光明的意思，“晦”乃昏暗不明之意，两者意义相反；晏殊，名殊、字同叔，“同”与“殊”是意义相反。

“名”一般是在婴儿出生三个月时由其父所取，“三月之末，……父执子之右手，咳而名之”（《礼记·内则》）；而“字”则待至成年时由德高望重者所取，“男子二十冠而字”“女子十五笄而字”（《礼记·曲礼》）。

与“名”“字”多为长辈所取不同，“号”一般为自取或是他人所赠的雅号，“号为尊其名更美称焉”（《周礼·春官·大祝》），因其是一个人的别称，故又称“别号”。如晋代陶潜，字渊明，号“五柳先生”；宋代欧阳修，字永叔，号“醉翁”，晚年自号“六一居士”（“六一”指一万卷书、一千卷金石文、一琴、一棋、一壶酒、一老翁）；以示高洁。

名、字、号在使用上有谦、敬、雅之别。名，用于自称以及尊长对晚辈、属下的称呼；字是敬称，对长辈和同辈要称其字，以表尊重，而不能用于自称；号则是文人雅称。

中国人的“姓”是母系社会的产物，最初是有共同血缘、血统关系的种族称号，而不是个别人或个别家庭的；在母系社会向父系社会过渡时期，随着人口数量的增加，在原有的种族内部出现了不少新的分支，“氏”是这些分支部落为了相互区别而取的称号。随着分支部落的继续壮大、再切分，“氏”的数量越来越多，“姓”与“氏”的使用逐渐等级化。在秦统一中国之后，“姓”与“氏”渐趋同一，至汉，“姓”“氏”合并，开始统称为“姓”。在我国历史上，“姓”曾经成为划分等级的标志，东汉时期开始，将“姓”分为国姓、郡姓、州姓、县姓等级别，到了唐代，因皇帝姓李，李就被作为地位最为高贵的国姓。这一制度随着科举制度的实施，在宋代以后逐渐走向消亡。

根据张建勇的研究，在“名”之外另取“字”的做法始于周代，“周人以讳事神，名，终将讳之”（《左传·桓公六年》），可见，取“字”是为了替代“名”供人做尊敬之称。所以，“字”的出现是为满足特定阶层较高的社会交往需求服务的，在当时，只有中上阶层的人才有“字”，这种制度一直持续到宋代，下层民众即便有需求，也不被准许取“字”。到了明清，“字”的取用逐渐放开，各行各业的人大都开始取“字”、用“字”，尽管也遭到文人士大夫们的抨击和嘲讽，但取“字”的习俗，还是被普遍推广开来。

取“号”在隋唐时期，仍只流行于少数文人之间，而在东晋之前，在名、字之外另取别号的人非常少。宋代以后，文人取号的风气才逐渐出现,但也不是所有的文人都有。到了明清，取用别号才蔚然成风。

由此可见，“字”与“号”在出现之初，都被打上了中上阶层“专用”的标签，因而也使得“字”“号”所具有的尊称性质在“字号”的使用上得到延续。而今，中国人名称符号组合中的“字”“号”部分在中华人民共和国成立之后，逐渐消失，只保留了“姓”和“名”。在今天通用的说法中,“按照姓氏笔画顺序”中的“姓氏”是指“姓”；年长者问年幼者“叫什么名字？”，其中的“名字”并非是“名”和“字”,而是指“姓名”或者“名”。反而是用来指商业品牌的“字号”逐渐成为一个常用的称法。

（二）从“字”“号”到“字号”的词义扩大

古代人名系统中,“字”尊而“号”雅,进而,两个词演变为两个语素，合成为“字号”一词，扩展为表示信誉品牌的雅称。

那么，从“字”“号”到“字号”，是如何实现词义的扩大的呢？对此，我们可以尝试着这样理解：

1. 从产生的时间来看，人名系统中的“字”始自周代，“号”多见于东晋至隋唐之间，宋代以后已成风气；商业产品、店铺出现专门的名称是在魏晋时期以后，用“字号”来称呼某一个商家、机构见于北宋，晚于人名系统中“字”“号”的产生时间，但与人名系统中“号”的取用从文人雅士推广到三教九流的时间大致吻合。商家店铺的名称与人名系统中“字”“号”的功能相似，有借用“字”“号”来指店铺、产品名称的可能性。

我国在魏晋南北朝时期才出现专门的集市，如“金市”“牛马市”等，这是商业名称、名号的萌芽阶段。据记载，北魏有一个卖酒的商人，名叫刘白堕，善于做“事件营销”，南青州刺史带着刘家酿的酒远途赴任，路遇劫匪，没想到劫匪被酒所吸引，喝得根本停不下来，结果大醉被擒。精明的刘白堕抓住这个机会，将此事广而告之，以至于当时人们纷纷相传“不畏张弓拔刀，难畏白堕春醒”，由此可见，“白堕”有可能就是商人刘白堕给自家的酒取的“字号”。这不禁让笔者联想到“事件营销”的另一成功案例，2008 年汶川地震后，在中央电视台抗震救灾募捐活动现场，加多宝集团的代表上台向灾区捐款一亿元人民币，很快，在网络上开始广为流传一句话“要喝就喝王老吉，要捐就捐一个亿”，网友对“王老吉”的热评直接带动了产品销售，一些超市中的“王老吉”凉茶卖断了货，还有一些企业成几十箱地团购“王老吉”凉茶。但随后，也有评论指出网上的热帖以及流传甚广的“要喝就喝王老吉，要捐就捐一个亿”很有可能不是网友的自发创作，而是来自幕后推手的精心策划。再回到北魏，人们口耳相传的那句“不畏张弓拔刀，难畏白堕春醒”，会不会是精明的商人刘白堕“原创”并有意“散布”出来的呢？

到了唐朝，随着经济的进一步发展，特别是民间专业集市的成熟，商业店铺对具有可识别性、利于传播的名称的需求明显增加。王焯在其《中国老字号的传承与变迁》一书中提到，20世纪50年代在对隋唐长安城的考古发掘中，出土了长约5米、厚约10至30厘米的陶器层，从中发现了捺印“刑（邢）娘”两字的陶片，研究者认为这两个字很有可能就是当时某个店铺的名号，或是印有名号的招牌。

北宋时期，“字号”开始用来指称某一经营机构，据宋魏泰《东轩笔录》所载“京师置杂物务，买内所须之物。而内东门复有字号，径下诸行市物，以供禁中”，其中所说的“字号”就是指采买货物、供给皇宫的机构。

从清代的一些文学作品来看，“字号”的称法已经相当普遍了。比如《老残游记》第三回中写道“到院前大街上找了一家汇票庄，叫个日升昌字号，汇了八百两寄回江南徐州老家里去”;《官场现形记》第三十一回中写道“现在南京一爿字号里做挡手的一个人，其人姓田，号子密，是徽州人”。

2. 从表面的字义来看，我们还可以将“字号”理解为“由文字形成的识别符号”。从唐代开始，随着商品经济的发达，同类产品数量增多,市场竞争日渐凸显,商家店铺为了招揽生意、便于顾客识记，要在店门前悬挂标识，如幌子、招牌等，当时的商家店铺以及商品名称多采用店主的姓名，如前面提到的“刑（邢）娘”“白堕”等,于是,显示店铺名称和经营种类的幌子、招牌逐渐成为集市上常见的景象。

对于一家不熟悉的店铺，人们先看到的是它的幌子、招牌，在当时也就是主要由文字构成的标识符号，这是第一印象，继而如果经过交易体验，感觉不错，想将其推荐给别人，那么在这一“口碑传播”的过程中,“文字标识符号”是核心信息，易于传播也最重要。那么，由店铺招牌上的“文字符号”指代该店铺，渐渐演变为用“字号”来指使用“文字符号标识”的店铺，继而在商业领域将“字号”的含义扩大为“企业或产品品牌”。

从古至今,名称、品牌的传播都是各类企业、商家的要务,在它们的“实体门店”,彰显“字号”的载体有幌子、牌匾等。

幌子，原指帷幔、布幔，据说最早将幌子用作标识载体的是一些酒家，因酒家悬挂布旗来招徕客人，当时就将酒旗称作“幌子”，“小垆低幌还遮掩，酒滴灰香似去年”（唐代陆龟蒙《和初冬偶作》）描绘的就是当时的情景。后来随着商品经济的发展，“幌子”一词的使用范围逐渐扩大，不仅不限于酒家，而且不限于布质材料，各类商家用布、皮革、竹、木、铜、锡、纸等材料制作的标明名称及经营特点的招牌都可以被称为“幌子”。而今，用于制作“幌子”的材料更为多样化，有塑料、亚克力、铁、不锈钢、玻璃钢、铝塑板、PVC（聚氯乙烯）板、铝、石以及 LED（发光二极管）等。

除了在以上各类材料上镶嵌、雕刻或以其他方式显示文字的幌子，还有以所售卖的物品及与其相关的实物直接作为幌子的。其中，直接悬挂所售卖物品，是一种较为原始的标识方式，例如鞋帽店以悬挂鞋、帽为标识，雨伞店以一把或一串雨伞为标识等；如果所售卖的物品在体积、形态等方面不适于直接悬挂，聪明的店家会采用悬挂该商品的模型或者包装容器的方式来予以变通，如以硕大的蜡烛模型来替代实物蜡烛、用鱼的模型来替代实物鱼以及用装酒的葫芦来替代酒、用装油的瓶子来替代油等，如果这些"幌子"的造型设计足够有创意，还会收到意想不到的广告效果。

当然，"文字幌子"还是较为常见的标识方式，比如，"牌匾"就是"文字幌子"的一种。我们习惯于将招牌统称为牌匾，实际上，"牌"和"匾"是各有所指的。王芳在《中国牌匾：文明古国的文化仪容》一文中对"牌"与"匾"进行了区分：

首先，两者的边长比例和悬挂方式不同，“牌”多为立式悬挂的窄长方形，“匾”多为横式悬挂的长方形；其次，两者悬挂的位置不同，“牌”多悬挂在店门的左侧或右侧，“匾”则是悬挂在店门正上方或者店堂的迎门墙上，因其位置相当于人的额头位置，故又被称为“匾额”。

因汉语言文字的独特性，“牌匾”成为中国所特有的，融汉语言、汉字书法、雕刻艺术于一体的商业文化符号。比如，一些老字号的匾额具有极高的书法价值。何庄认为：老字号牌匾上的字也有讲究，通常以饱满端庄的楷书为佳。楷书一是易于辨认，二是饱满厚润。对于商号来说，这两点很有意义，因为这可以象征着财源茂盛。这也是在匾额字体上，楷书相对于草书及其他不够丰满的字体更具优势的原因。老字号牌匾能保留下来的非常少，能保存至今的老字号牌匾，一般都身兼书法和史料双重意义，都已成为珍贵的文物，具有很高的欣赏和保存价值。

3. 从“字形”符号来看，商家店铺在企业及产品的标识设计中采用字形变化的手法由来已久，因此，有研究者认为“字形符号”直接构建了“字号”的概念体系和形象表达，由此形成了“字号”的品牌内涵和独特特征。

这里所说的“字形”符号，主要是指企业或产品在徽标、商标的设计中，根据该企业的行业类别、经营理念、风格气质以及目标受众的接受特点等因素，艺术性地进行字体的组合与变形设计，不仅达到易于识别、记忆的目的，而且可以成为企业视觉资产构建的重要组成部分，提升企业形象、增加其在商品市场及社会中的被认同度。

“由于这些‘字形符号’主要是由中文字体构成，所以具有很大的可读性，由此直接增大了‘字号’的识别度与记忆度，使得‘字号’的概念进一步强化。而这种‘字形符号’在企业众多领域、尤其是产品包装领域的使用，加之对‘字号’的口碑式传播，又促使了‘字号’的传播范围进一步扩大。”（何庄《北京老字号档案的特点和价值》）特别是汉字中的象形文字以及文字与图形的组合，使得“字形符号”在设计与解读上有了更大的想象空间。

（图片来自“张一元”官网）

（图片来自“吴裕泰”官网）

以“中华老字号”中北京的两家茶叶品牌为例：“张一元”企业标识的设计，核心部分是隶书的“张一元”；字体外是一个圆，象征着张一元茶行销全国；最外层是一个大圆，象征着国际市场；两个圆之间是云纹图案，代表中国传统文化；色彩选用金色，表达的是企业“金般品质，百年承诺”的经营理念。

为了吸引年轻消费者，“吴裕泰”也对企

业标识进行了重新设计，在原来牌匾字样的基础上添加了花的图案和英文名称。新的标识中，茶叶芽环绕着茉莉花，这图案以吴裕泰茉莉花茶的窨制技艺为创意灵感，既表达了其是一家以茉莉花茶为主营产品的企业，又凸显了其花茶自采、自窨、自拼的“三自”方针。

“吴裕泰”于2012年9月开始启用全新的标识，随之改变的，还有标识的色彩。“吴裕泰”之前的标识一直采用绿色，代表茶叶的绿色、健康、纯天然。调整后的标识除了经典的“裕泰绿”之外，还同时设计了茉莉白、中国红、长城灰、槐树绿、皇家金等不同颜色的新标识版本，旨在表现中国文化及北京地域文化特色，并且展示“老字号”充满活力、开放时尚的一面。

二　作为企业名称核心元素的“字号”

随着市场经济的快速发展，一方面新企业数量也随之增多，企业重名概率加大；另一方面交通、物流以及互联网的发展使得企业的营销不再局限于一城、一地，在更大的市场范围内，经营种类相同、字号相同的企业之间就难免发生“名分”之争。

2004 年 7 月 1 日期施行的《企业名称登记管理实施办法》第九条规定：“企业名称应当由行政区划、字号、行业、组织形式依次组成。”在行政区划、字号、行业、组织形式这四个要素中，对于消费者来说，“字号”是最具有识别性的，大多数消费者购买商品只看“字号”，至于该企业的行政区划、组织形式等一般是不会多做关注的。因此，“字号”是企业名称中的核心要素，也是企业非常重要的无形资产。

对于经过数百年风雨洗礼和口碑积累的“老字号”来说，更是被人所觊觎的“聚宝盆”，从 20 世纪 80 年代到 2006 年商务部在全国启动“振兴老字号工程”之间 20 多年里，中国出口商品商标被抢注的有 2000 多起，造成每年约 10 亿元的无形资产流失，北京“同仁堂”“全聚德”、广州“王老吉”、绍兴“女儿红”“杏花村”都在海外被人抢注过，后来，“同仁堂”从日本市场重新夺回了自己的商标。

在国内市场上，因“字号”相同而导致的因某一企业产品出问题，其他企业无辜受牵连的事件屡有发生。比较典型的有 2001 年的“冠生园”事件：2001 年 9 月，南京冠生园食品有限公司使用陈馅月饼被中央电视台曝光，尽管上海冠生园集团声明自己与南京冠生园毫无关系，但并未扭转消费者对“冠生园”这一字号的不信任，10 天内月饼销售量急剧下跌 50%，用现在的流行语来说，就是无辜“躺枪”。据当时的新闻报道，四川新都冠生园又联合全国 20 多家含有“冠生园”名称的食品企业，要向南京冠生园讨个说法。真是不看不知道，一看吓一跳啊，全国竟然有这么多家“冠生园”，让消费者怎能分得清楚？

（一）“老字号”的“字号”之争

在 2006 年商务部评定的首批“中华老字号”名单中，可以发现若干家字号相同，甚至注册商标相同的企业。如：

字号	企业名称	注册商标
张小泉	上海张小泉刀剪总店有限公司	泉字牌
	杭州张小泉集团有限公司	张小泉

续表

稻香村	北京稻香村食品有限责任公司	稻香村
	苏州稻香村食品厂	禾
同仁堂	中国北京同仁堂（集团）有限责任公司	同仁堂牌
	天津同仁堂股份有限公司	太阳
	南京同仁堂药业有限公司	乐家老铺
五芳斋	浙江五芳斋实业股份有限公司	五芳斋
	武汉五芳斋食品贸易有限公司	五芳斋
盛锡福	北京盛锡福帽业有限责任公司	盛锡福
	青岛盛锡福实业有限公司	环球
冠生园	冠生园（集团）有限公司（注：位于上海）	冠生园
	昆明冠生园食品有限公司	梅花牌

（根据商务部确定的首批“中华老字号”名单整理）

根据我国《企业名称登记管理实施办法》第三十一条规定，有与同一工商行政管理机关核准或者登记注册的同行业企业名称字号相同情形的，“不予核准”。但由于我国现行的企业名称登记制度实行国家、省（直辖市、自治区）和市（县）三级管理，只要不在“同一”工商行政管理机关核准或登记注册，出现相同字号的企业是完全有可能的。

与那些钻制度空子、恶意注册与知名企业相同字号的企业不同，老字号之间的“撞脸”一般都有一些历史原因，我们先来看一下上面表格中几家相同字号的企业围绕“名”与“实”的纷争。

杭州与上海的两家“张小泉”曾围绕“字号”进行了长达7年的诉讼，1999年3月，杭州张小泉集团有限公司首次起诉上海张小泉刀剪总店，认为对方在产品与包装上突出使用“上海张小泉”文字，构成商标侵权和不正当竞争行为。2004年7月，上海高院形成终审判决，认为上海刀剪总店此前突出使用有其历史原因，不构成商标侵权和不正当竞争，但今后在商品和服务上应规范使用其核准登记的企业名称。2004年10月，杭州张小泉向杭州中级人民法院起诉，请求判令上海刀剪总店停止在其生产、销售的刀剪产品及包装、标牌上突出使用“上海张小泉”字样标识。2005年12月，杭州中院一审判决上海刀剪总店构成侵权。上海刀剪总店向浙江省高院上诉，认为其在上海高院判决生效后规范使用企业名称应有“合理期限”处理库存产品。2006年7月，浙江高院终审“驳回上诉，维持原判”。两家“张小泉”都是“中华老字号”，杭州张小泉拥有“张小泉”的商标使用权，上海张小泉的商标为“泉字牌”。

浙江与武汉的两家“五芳斋”之间长达13年的“字号”之争，最后以前者对后者的收购而告终。2000年，浙江五芳斋发现武汉五芳斋的粽子、汤圆的包装袋在设计上强化了“五芳斋”三个字，而武汉五芳斋的商品商标“WFZ”被放在角落，认为这是商标侵权。因为，虽然两家都有“五芳斋”的商标，但浙江五芳斋拥有的是商品商标，武汉五芳斋拥有的是服务商标（也就是除浙江五芳斋之外的任何厂家，产品若使用含有“五芳斋”的商标均属侵权；只有拥有服务商标的武汉五芳斋开出的店才能叫“五芳斋”）。于是，浙江五芳斋于2000年向武汉市中院提起诉讼，状告武汉五芳斋商标侵权和不正当竞争。在庭审中，武汉五芳斋向法庭提出反诉，告浙江五芳斋在嘉兴的一些门店使用了“五芳斋”三个字，是对“五芳斋”服务商标持有人——武汉五芳斋的侵权。浙江五芳斋辩称嘉兴不是武汉中院管辖地，武汉五芳斋的反诉被驳回。最终，两家庭外和解。但这些诉讼对武汉五芳斋正在申请之中的其他两个组群的“五芳斋”商品商标的裁定结果带来了不利影响，被裁定不予核准注册。从2000年到2013年，浙江五芳斋通过对自己商品商标专属权的有效保护，逐渐发展成年销售达28亿元的龙头食品企业，而武汉五芳斋在发展中则受到了较大的制约，2014年，双方达成协议，在很短的时间内，浙江五芳斋就完成了对武汉五芳斋的收购，两家的竞争以这种方式画上了句号。

（二）“字号”传承与传播的法律保护

除了老字号之间的纷争，侵犯“老字号”的“名称权”多为一些没有市场影响力却别有用心的企业钻空子、牟取不当利益之举。陈甬沪曾撰文对企业名称管理中存在的问题进行了分析，首先，侵犯行为的具体表现包括：1. 异地注册与某一“老字号”企业相同的名称，误导消费者，从中不当获利；2. 如果与某一老字号在同一等级主管机关辖区内，就选不同的行业注册与其相同的企业名称；3. 利用汉字形音义的特征，通过变化偏旁或加点或去点，或通过同音不同字来混淆，达到借用知名企业字号扩大自己企业影响，获取额外利益的目的；4. 将某一“老字号”的商标注册为自己企业的名称，或者将“老字号”的企业名称注册为本企业的商标，并且，为了让消费者“傻傻地分不清楚”，其往往会让自己的经营范围与这一被复制名称的老字号是相同的。

目前的《企业名称登记管理实施办法》存在一些漏洞，其中，“允许不同地区相同行业企业字号可以相同，同一地区不同行业企业字号也可以相同，既给利用不正当竞争手段的投资者可乘之机，也使企业名称不得引起公众误解原则被办法内容自身给否定了”。在相关法律方面，我国《民法通则》“知识产权”部分对商标权、专利权、著作权的保护做出了规定，但对“企业名称权”的保护尚没有明确的概念和较为具体的规定。根据《民法通则》，企业名称权是人身权的一种，不同于商标权、专利权、著作权，其主要功能是识别性标记。但是，根据国际社会对知识产权的分类，企业名称权不仅是一种人格权或人身权，同时，也是一种财产权或知识产权。

因此，增强对“老字号”以及所有合法经营的企业名称权的保护，首先需要国家立法部门对“企业名称权”保护的重要性有科学的认识，尽快通过有效的法律规定，对“老字号”品牌提供切实的保护，并且使不正当竞争的行为得到应用的惩处。

对于“恶意注册”者要严厉惩处，对于无意之中造成与“老字号”重名者，则需要管理部门提高管理服务的水平，比如建立“企业名称字号标准字库系统”，通过这一系统，在企业进行名称登记注册时，向其“明确规定可选用的字号；其次，设置可甄别的系统，解决中文汉语中形、音、义相同或相近、相似的难题”，并且，还可以通过设立特别保护系统、确定特别保护的范围等方式，使民族品牌企业和产业的合法权益得到应有的保护。

第二讲

“老字号”的命名文化

命名，包括为个人、地方、物品以及企事业机构、商家店铺取名。命名的方法往往与一个国家的语言、文化密切相关，汉字因其特殊的形体结构，在命名中不仅追求发音、意境方面的美感，而且还有对字形搭配是否和谐的要求，可以说，命名是一种语言创意活动，其受特定的文化所影响，并且自身也成为文化的构成部分之一。

命名不仅是一种文化行为，当社会中出现大量的命名需求，相应产生了商业化、市场化的命名活动时，命名还会逐渐成为一种特定的行业，即命名业。目前，北京、上海、天津等大城市都出现了一些命名公司,如“先知社”“易

（经）轩”“运转堂”等。这些命名公司都会对自身厚重的文化底蕴不遗余力地予以强调，如宣称为公司命名“融汇西方现代营销理念及东方儒学思想”，为婴儿命名“具有丰富的民族传统文化底蕴，姓名字形美观利于签名设计”等。

相比我国，美国的命名业起步较早，发展也较为成熟。在美国命名业的确立过程中，广告公司是最初的实践者。长期以来，广告公司的服务中包括了产品命名。1978 年，专门从事品牌命名的公司 ABC Namebank 在纽约成立，为企业提供包括公司名称、产品名称、服务名称、域名、标志语在内的全套的命名服务。由于看到了品牌命名的前景以及硅谷地区对品牌命名的巨大需求，1981 年，Ira Bachrach 在旧金山创立了 NameLab。在命名过程中，语言学专家会全程参与，运用词源学、形态学、构词法知识构思出尽可能多的候选名称。在此基础上，进行语言特征分析检测和消费者测试，检测品牌名称在消费者心目中会产生什么样的联想，是否易于记忆和阅读，哪些品牌名称更受到消费者的喜爱，确保品牌名称能够适应多语言文化环境下的传播。

北京的“中华老字号”多创办于明清时期，其命名无疑是观察当时人文、社会的一个有趣的视角。

查阅“老字号”名称的来历，可以发现：根据命名者来源的不同，有自命名、他命名，还有“捡来的名字”；从命名的方式来看，与人名、地名、产品外观及原材料、祈福祝吉、诗文典故等相关的字、词，是“老字号”常见的取名方式。

特别是，北京作为当时的“皇城”，在居民构成及消费需求等方面，有一定的独特性。特定历史阶段的价值观，以及城市文化氛围中目标顾客的喜好等，都成为影响“老字号”创办者取名定号的重要因素。

一　语言“崇拜”与吉祥“字号”

郭熙在其《中国社会语言学》一书中，对中国人喜欢说吉祥话、取吉祥名、选吉祥数的习惯进行了分析，认为其原因在于人们相信吉祥语有逢凶化吉的神秘力量。曾祥喜《中国大陆商标命名的世纪变迁》一文，在引述郭熙分析的基础上，认为企业在商标、商号的选字用词中使用吉祥语，与人们对语言的迷信和崇拜有关，“象征富贵吉祥的词语可以说是一种语言的灵物崇拜，但由于它们具有安慰功能和增加喜庆欢乐气氛的功能，人们相信逢 8 必发、9 是天长地久，这和人们对幸福财富的追求是分不开的，是求福求富心理在语言上的表现”。“老字号”命名中对吉祥语的偏好，是我国传统文化和社会心理在商业文化中的具体反映。

晚清学者朱彭寿，曾用一首七律对字号命名中的吉祥语使用进行归纳：“顺裕兴隆瑞永昌，元亨万利高丰祥；泰和茂盛同乾德，谦告公仁协鼎昌；聚信中通全信义，久恒大美庄安康；新春正合生产广，润发洪源厚福长。”当代的研究者邹进文、赵玉勤对这 56 个字进行了归类，发现其中表现数量众多、规模巨大意义的有“万、广、丰”和“元、泰、洪”；希冀发展顺利和生意兴隆意义的有“亨、和、协”和“隆、昌、茂”；祈盼事业持久和万事顺利意义的有“长、恒、义”和“瑞、祥、福”；承诺公平守信的有“信、永、仁”等。

北京“中华老字号”名字里含有吉祥字、词的有吴裕泰、天福号、元长厚、月盛斋、通三益、张一元、义利、同和居、又一顺、天兴居、全聚德、丰泽园、东来顺、盛锡福、精益、内联升、瑞蚨祥、同仁堂、成文厚、荣宝斋等。

（一）“语言崇拜”在“老字号”命名中的表现方式

1. 吉祥字 + 寓意美好的典故

（图片来自瑞蚨祥官网）

“瑞蚨祥”是老北京“八大祥”之首，在“八大祥”中，其字号也最具特色。“八大祥”是老北京前门和大栅栏一带的八家带“祥”字的绸布店，字号分别为瑞蚨祥、瑞生祥、瑞增祥、瑞林祥、益和祥、广盛祥、祥义号、谦祥益。

“瑞蚨祥”这一字号，使用了常见的“瑞”和“祥”这两个吉祥字，而“蚨”字便有些陌生。实际上，古人将“蚨”用来指铜钱，因为传说用青蚨的血涂在铜钱上，钱还会飞回来，即所谓“青蚨还钱”。典出《搜神记》卷十三：青蚨“生子必依草叶……取其子，母必飞回，不以远近……以母血涂钱八十一文，以子血涂钱八十一文，每市物或先用母钱或先用子钱，皆复飞归，轮转无已”。

这个而今听来有些“残忍”的传说，在古时却有着美好的寓意，“青蚨还钱”象征着生意兴隆、财源滚滚。“蚨”字再加上“瑞”和“祥”，是清同治元年（1862 年）济南府章丘县旧军镇孟子后裔孟传珊为自己的布店取的字号，布店始建于济南，清光绪十九年（1893 年），由其后人孟雒川迁于北京大栅栏，即“北京瑞蚨祥绸布店”，成为集经营布匹、绸缎、刺绣品、皮货、棉纱、纺织、印染、钱庄、当铺、茶叶、金银首饰等经营项目的商业王国。晚清至民国时期，有句谚语：“山西康百万，山东袁子兰，两个财神爷，抵不上旧军雒川”，说的就是“瑞蚨祥”的气派。

带有吉祥字的字号，从心理学角度来看，对经营者和消费者都具有一定的心理暗示作用，可以给经营者带来对未来的憧憬与希望；而消费者也更愿意选择名称含有良好寓意的字号。这或许正是语言的精神抚慰功能的体现。

当然，话又说回来，“字号”寓意好固然重要，产品与服务的质量更重要。“瑞蚨祥”的“字号”能屹立百年，关键靠的还是“至诚至上、货真价实、言不二价、童叟无欺”的经营理念。

2. 目标受众 + 使用吉祥语的谐音

在北京众多老字号中，有一家商铺将目标受众、经营方向放到了“字号”名称之中，那就是“内联升”。其中，“内”指大内，即清朝的宫廷，标示这家鞋庄不同寻常——以皇亲国戚、清廷官员为服务对象；“联升”是“连升”的谐音，含恭祝朝廷大员们“连连高升”之意。

（图片来自“内联升”官网）

这个“字号”体现出创办者赵廷对鞋庄经营特色的定位。当时的北京，官员多，而制作朝靴的鞋店少；这就产生一个消费能力极强的顾客群，以其为目标受众，可以给鞋店带来较大的利润回报。本着“想赚大钱，就得打坐轿人主意”的经营理念，以明确的市场定位加上直白、有效的祝福语，“内联升”很快得到了京城官僚阶层的认可。

3. 创办者的姓、名 + 吉祥字

以创办者的姓名或者其中的一两个字，加上吉祥字构成字号名称的方式，在“老字号”

命名中也较为常见，如盛锡福、张一元等。

盛锡福的“盛”字是“生意兴隆茂盛”之意，“锡”和“福”都是取自创办人刘锡三的名字（刘锡三乳名“来福”）。

张一元的创始人姓张，名昌翼，字文卿，1900年在花市开办了第一家茶叶店，取名“张玉元”，“张”为其姓，“玉”在古汉语里又通“茗”，有“好茶”之意，“元”在汉语里是第一的意思。1906年，张昌翼在前门大栅栏观音寺开设了第二家店，取名“张一元”，“一元”取“一元复始，万象更新”之意，同时，“一”和“元”都有第一之意，也可以理解为企业对消费者的一种承诺，在商品品质上力争第一。

4. 吉祥字 + 通名

“老字号”常用的通名包括“居、楼、斋、记、行、堂、园、馆”等。吉祥字 + 通名的命名方式在“老字号”中更为普遍，如“月盛斋”，取“月月兴盛”之意；“同仁堂”，取“同修仁德”之意。类似的还有“同和居”“天兴居”“丰泽园”。

（图片来自“天福号”官网）

（二）“老字号”命名中对“吉祥字”与“褒义词”的偏爱

曾祥喜的《中国大陆商标命名的世纪变迁》一文中引述了 20 世纪 20 年代的两篇文献：1925 年《心理》杂志发表了张耀翔的文章《商人心理浅测》，文章借助电话号码簿，对北京 4947 家商业招牌用字进行了统计，发现“兴、华、和、义、成、顺、丰、天、聚、公、泰、源、祥、盛、恒、昌、大、裕、隆”是当时最常见的 19 个字；1928 年的《社会学界》发表了陆志韦的文章《南京商业招牌用字》，研究者在南京商业繁华地区逐家抄录下 3227 家招牌中的 6127 个字，发现其中使用频率在 50 次以上的有 30 个，依次为“兴、祥、泰、源、和、永、昌、大、万、盛、同、复、义、恒、华、福、德、聚、新、丰、春、荣、庆、生、六、裕、茂、隆、森、鑫”，其中，“兴”字的使用占所统计字数的11%。并且，对这两篇文章中的研究发现进行对比，可以进一步发现北京的19个字中有17个字同时也列于南京的30个字之中，“兴”在两篇文章的统计中都位列在第一。由此可见，商家在字号命名时对吉祥字的偏爱程度。

也有研究者对商务部认定的首批“中华老字号”企业名称中的“褒义词”进行了统计，统计发现，在430个“老字号”中，名称至少含有一个褒义语素，或者虽未含褒义语素，但所含有的中性语素在汉文化的特定环境下，附加或可以引申出积极含义的有240个。并且，中医药、食品加工类的企业相对其他行业在命名中使用褒义词的比例更高一些。

从统计测算可以看出，中医药类的“老字号”名称中有93.1%含有褒义字词，如北京的“同仁堂”、天津的“宏仁堂”和“乐仁堂”、上海的“蔡同德堂”、辽宁丹东的“老天祥”、江苏镇江的“存仁堂”、杭州的“朱养心”、安徽的“寿春堂”、济南的“宏济堂”、福建泉州的“灵源”、昆明的“福林堂”、广州的“敬修堂”和“潘高寿”、兰州的“佛慈”、银川的“协力厚”等；食品加工类的“老字号”名称中有82.5%使用褒义字词，如北京的“义利”、天津的“桂发祥”、吉林的“鼎丰真”、济南的“德馨斋”、四川的“鼎兴”、昆明的“吉庆祥”和“桂美轩”、云南昭通的“月中桂”、西安的“德懋恭”、宁夏的“敬义泰”等。

（图片来自“北京同仁堂”官网）

二　源自诗文楹联的“字号”名称

“老字号”中也有不少字号名称出自诗文楹

联，如“来今雨轩”“一得阁”“同升和”等。

位于北京中山公园内的“来今雨轩”建于1915年，中国古典建筑的风格加上精致的庭院景观设计，使其成为当时社会名流相聚喝茶、餐叙的好去处。“来今雨轩”这一名称与杜甫的一首诗有关。天宝十年的一个雨天，杜甫贫病交迫之际，有位姓魏的朋友冒雨前来拜访，这让已经习惯了门庭冷落的杜甫心生感动，作《秋述》诗表达自己的感慨之情：“宦海沉沦不自哀，新朋不至故人来。平生识得一知己，贫病无由蚀壮怀。”诗前有序：“秋，杜子卧病长安旅次，多雨生鱼，青苔及榻。常时车马之客，旧雨来，今雨不来。……子魏子独踽踽然来，汗漫其仆夫，夫又不假盖，不见我病色，适与我神会……”此后，“旧雨”“今雨”便被用来喻指故友、新朋。“来今雨轩”这一字号，就是欢迎新朋友来此欢聚之意。

“一得阁”，全称为“北京一得阁墨业有限责任公司”，主营墨汁，其字号名称的由来与墨汁有关，或者说与其创办人谢崧岱咏赞墨汁的一副对联有关。清同治年间，湖南文人谢崧岱进京赶考，虽未考中，但在考试过程中，有一件事给他留下深刻的印象，成为他创办“一得阁”的直接动因。考场上，考生们需要现场研墨，费时费力，占用答卷的时间，也影响考生的思路。这一现象引起了谢崧岱的思考。他想，如果能有一种直接书写的墨汁，不需要用时现磨，不就可以省时省力了吗？比如考生，不用再受边答题、边磨墨之困扰，尽可以文思泉涌了。经过多次试验，谢崧岱最后选用油烟，加上辅料，制成了同墨块效果相同的墨汁。墨汁一上市，便大受欢迎。同治四年，谢崧岱在北京琉璃厂44号开设了第一家生产经营墨汁的店铺，并撰写了一副对联——“一艺足供天下用，得法多自古人书”，既表达了对墨汁的赞美之情，又表示了对前人的感谢之意。店名“一得阁”中的“一”和“得”就分别取自对联上、下联的第一个字。现在北京琉璃厂东街“一得阁”门店的牌匾，也是谢崧岱1865年开业时所书。

（图片来自“一得阁”官网）

还有的“老字号”名称与友人所赠送的楹联有关。如始创于1902年的“北京同升和鞋店”，开业时，清朝大臣铁良赠联一副：“同心偕力功成和，升官冠戴财源多”。“同升和”三字融于对联中，寓意为“同心协力，和气生财”；也有人考证说，是掌柜在获赠对联后，取其中“同升和”三字作为字号名称。

（图片来自“同升和”官网）

三　由顾客叫出来的“字号”名称

“老字号”的名称来源中，还有一部分是由

顾客“叫”出来的，如“砂锅居”；或者是名士贵胄在消费了其产品后，给予好评，主动为其命名，如“都一处”“便宜坊”等。

“砂锅居”，始建于清乾隆六年（1741年）。关于其字号名称的来历，有几种不同的说法。其中一种说法，砂锅居起初卖白肉，名“白肉馆”；后来改名为“和顺居”，寓意和和美美。但是相比“和顺居”，食客们更喜欢称其为“砂锅居”，因为砂锅煮白肉是其招牌主打菜，而且店里有一口直径四尺的大砂锅，十分引人瞩目。久而久之，大砂锅几乎成为了这家店招揽生意的幌子，人们也习惯了称呼其“砂锅居”，“和顺居”的本名倒渐渐不被提起了。精明的店家自然明白消费者习惯的巨大能量，顺势而为，在店门前正式挂起了“砂锅居”的匾。据说在新中国成立前，砂锅居门前挂有三块匾，左为“和顺居”，右为“砂锅居”，中间挂的是“白肉馆”。

历经200多年，“砂锅居”成了响当当的“老字号”。

“砂锅居”的称呼来自于众多消费者的口耳相传，“都一处”的字号名称则据传来自于一位特殊顾客——乾隆皇帝。

（图片来自“聚德华天”官网）

都一处，山西人王瑞福（也有说是李姓山西人）于清乾隆三年(1738 年)创办，地处前门大街鲜鱼口，起初名为王记酒铺。酒铺一向早开门、晚关门，酒菜实在，待客热情，生意一直红火。到了乾隆十七年（1752 年），生意有些不如以往，特别是进入到腊月，更是显得冷清。据说乾隆外出私访，从永定门回京，走到前门时，夜色已深，人困马乏，大街上只有王记酒铺的灯还亮着，别的店铺都早已关门。乾隆主仆三人走进王记酒铺，经验丰富的老板一眼看出客人非同一般，于是殷勤招待，端上自制的拿手小菜，并且亲自斟酒伺候。客人吃得高兴，问老板小店叫什么名字，老板回答说尚未取好。客人颇有感慨：此时还开门营业的，京都只有你们这一处了，就叫“都一处”吧。转眼过了年，店里来了十几个太监，送来了乾隆御题的虎头匾，上面赫然“都一处”三个大字。老板赶紧将“都一处”虎头匾端挂门前；又将皇帝坐过的椅子黄缎裹上，供放在店里显眼的位置，还将乾隆走过的从大门到楼上的一段路保护起来，不得打扫，日积月累，来往客人带进的泥土越来越多，最后成了一道土埂，被称为“土龙”。“都一处”自乾隆赐匾后，生意兴隆，许多人争相来此观看御匾。

（图片来自 360 百科）

在关于“都一处”字号名称来历的许多文章中都有对乾隆赐名的描述，但也有研究者对这一来历的真实性进行了质疑。袁家方在《寻找“都一处”的历史》一文中引述了朱小平的分析，认为所谓的皇帝“微服出行”只是民间的想象，康熙曾有谕旨专门阐述皇帝不能微服出行的道理。再者，按照清朝制度，大年三十从中午开始，皇帝要与皇后、嫔妃合宴，还要有其他一系列的仪式要进行。年初一一早要祭天和祭祖，然后出席朝会，晚上宴请宗室。据此来看，乾隆不大可能在除夕那天夜里还在微服私访回宫的路上。此外，从“都一处”的虎头匾来看，如真是乾隆所题，应署“御笔”和钤印，但该匾上并无。

袁家方先生对自清嘉庆年间到民国时期提及“都一处”的古籍进行了梳理，未发现有乾隆为“都一处”赐名并题匾的记载。不过，对“都一处”的“土龙”多有提及。同时，有记载提到“都一处”有一个名传京城的故事，但至于是什么样的故事，却无从得知。集于嘉庆二十四年（1819年）的《续都门竹枝词》中有一首竹枝词提到“都一处”的“土龙”：“一杯一杯复一杯，酒从都一处尝来。座中一一糟丘友，指点犹龙土一堆。”作者对此有注：“都一处土龙直堆柜台，传为财龙。”刊刻于同治年间的《增补都门杂咏》中有一首诗云：“京都一处共传呼，休问名传实有无。细品瓮头春酒味，自堪压倒碎葫芦。”从中可知当时“都一处”有一个名传京城的故事，因为多篇文章都提到“都一处”的“土龙”，所以，当时这个“名传京城”的故事是否与“土龙”有关呢？ 20 世纪 30 年代初出版的《燕都丛考》中的小注中引《顺天时报丛谈》中对都一处的描述：“地势狭小，门中甬路一道，凸起如阜，称曰土龙，坑坎难行，亦不加修葺，自谓设肆百余年，生意兴隆，土龙有力焉。”说的是都一处自称开店 100 多年来，生意的兴隆仰赖土龙的护佑。这也佐证了“名传京城”的故事有可能与“土龙”有关。

言归正传，虽然“都一处”的字号是否来自乾隆御赐尚未证实，作为一段君民同乐的佳话，一直流传民间。有一首藏头诗赞叹道：“都城老铺烧麦王，一块黄匾赐辉煌。处地临街多贵客，鲜香味美共来尝。”短短 28 个字，描绘出“都一处”生意兴隆的景象。

四　与所经营的产品相关的“字号”名称

这类“字号”，或是与产品的原材料有关，如“百花”，是指蜂蜜乃由蜜蜂采自百花而成；或是经营内容加创办者的姓，如“馄饨侯”“烤肉季”“烤肉宛”；或是与所经营产品的生产工艺有关，如“六必居”（一说“六必”是指酿造工艺的最高要求，即“黍稻必齐、曲蘖必实、湛炽必洁、陶瓷必良、火候必得、水泉必香”）。

（图片来自“北京二商集团”官网）

五　以人名、地名等构成的“字号”名称

“老字号”中，以人名命名的，如“王致和”“戴月轩”。取自地名的，如“牛栏山”“莱百”等。

（图片来自“王致和”官网）

（图片来自“戴月轩”官网）

王致和，姓王名致和，安徽省仙源县（今黄山市黄山区）人，清康熙十七年（1678 年）在前门外延寿寺街路西开设了“王致和南酱园”。

戴月轩，姓戴，名斌，字月轩，浙江省湖

州市善琏镇人，年轻时来到北京贺连青笔庄制作毛笔，后自立门户建立了以“戴月轩”命名的笔庄。

牛栏山，乡镇名，位于北京市顺义区北部，潮白河西岸。

菜百，北京菜市口百货股份有限公司，该公司位于北京市西城区广安门内大街306号。

六 北京“老字号”命名的地域与时代特色

无论字号的名称还是人的姓名，在命名时都会受到社会的主流文化以及地域文化的影响。

北京师范大学王泉根教授在其《当代中国人取名用字的时代性与地域特色》一文中，对新中国成立以来不同时期的人名特色进行了梳理，发现:新中国成立初期（1949—1950年）名叫解放、建国、南下、正明的人较多;抗美援朝时期(1951—1953年）卫国、卫平、援朝、抗美等名使用较多;20世纪50年代中期（1954—1957年）建设、互助、和平、建强等名出现较多；“大跃进”年代

(1958—1959 年) 跃进、胜天、红花、超英、卫星等名出现较多；三年困难时期 (1960—1962 年) 自力、更生、抗洪、图强较多；20 世纪 60 年代中期 (1963—1965 年) 志农、加耕、学雷、学锋较多；"文革" 时期 (1966—1976 年) 名叫文革、要武、红卫、立新、卫红、兴无、向东、卫东的较多。

商业品牌的命名与中国人取名情况非常相似，企业名称乃至产品名称也会深受社会价值取向、流行文化等因素的影响。

北京的"中华老字号"多创办于明清时期，北京作为当时的"皇城"，居民构成及消费需求等方面有着一定的独特性，特定历史阶段的价值观以及城市文化氛围中目标顾客的喜好等，都成为影响"老字号"创办者取名定号的重要因素。

除了前面述及的"都一处""内联升"等迎合消费者天子崇拜心理以及官位升迁的渴望，在命名中与皇家、大内扯上关联之外，还有一些字号在其特色产品的命名上也延续了这一手法，加上"御""上用"等字眼，来表示产品不同凡响的质量。

第三讲
民谚俗语中的“老字号”

几百年来，北京老字号日益深入人心，京城百姓为之创造出许多民谚俗语。这些流传了数百年的民间语言，既折射出当时民众的社会生活状态、城市的气质风格，又通过无数人的口耳相传，促进了“老字号”的品牌传播。

北京商业区的形成与发展，是与“老字号”相关的民谚俗语形成的基础；这些民谚俗语又对“老字号”品牌的传播起到了推动作用。因此，在梳理与“老字号”相关的民谚俗语之前，有必要简要回顾一下北京城的建城与建都历史。

春秋战国时期，蓟国在此建城，后被燕国所灭，燕迁都至此，名燕京。秦时名之蓟县，隋朝改其名为涿郡，唐朝时改名为幽州。北宋时期，辽国在唐幽州府的基础上建立了南京析津府，内城为宫殿，外城为居民区，当时所建的寺庙有一些保存至今，如法源寺、天宁寺塔等。金灭辽后，将这里改称中都，大规模拓展外城，并扩建内城，营造工程动用了大量的人力和物力，现在的北海、中南海就是这一时期开凿建设的。1153 年，金正式迁都至中都，开始了北京正式作为皇都的历史。但宫廷宏伟、街市繁华的中都城作为金的都城仅持续了 62 年，1215 年，蒙古军队攻陷中都，因这座城市在战争中被破坏严重，元世祖忽必烈不得不于 1267 年在金中都城东北三里处另建新城，即“大都”，宫城位于皇城的东部，西侧建有寺庙，中心区域是“海子”，也就是今天的中南海、北海。1368 年，明攻占大都，永乐四年（1406 年）开始在元大都的基础上重建宫城和皇城，使其成为东西向的长方形，永乐十九年（1421 年）正式定都北京；嘉靖三十二年（1553 年），又修筑外城，至此，北京城宫城、皇城、内城和外城的基本轮廓已经形成。

元大都时期，得益于城市规划和水利交通的便利，位于宫廷正北方的钟鼓楼和积水潭北岸的斜街市是全城最繁华的商业区，当时这里有缎子市、皮帽市、鹅鸭市、珠子市、沙剌（即珊瑚）市、铁器市、米市、面市等。到了明代，钟鼓楼、积水潭一带不再具有水运的优势，北京的商业中心也因此迁移到前门一带，这里汇聚了众多的老店铺，其中包括六必居、都一处、月盛斋、张一元、同仁堂、马聚源、内联升、瑞蚨祥等。

王永斌、尹庆民等研究者分析前门一带之所以能够成为繁华的商业区，有官方助力、地理位置以及铁路交通兴起等多方面的原因：其一，明初，前门外居民稀少、商业萧条，明王朝为了繁荣经济，曾经在前门外建房招商。其二，被俗称为“前门”的正阳门位于北京的中轴线上，是明清时期北京城的南大门，明、清的吏、户、礼、兵、刑、工六大部都设在前门内的东西两侧，外省进京述职、办事的官员住在前门外一带会比较方便，顺应这一需求，前门外一带建起了140多个会馆。若再加上崇文门外、宣武门外的会馆，“前三门”建有会馆500多个。每逢科举考试，这些会馆都会住满考生，这也成为带动前门经济发展的因素之一。其三，建在前门的京奉火车站（前门东站）和京汉火车站（前门西站）使前门成为了全国交通的枢纽，各地来北京的人都须先到前门，使得前门一带客流量大、人烟稠密，从而刺激了商贸、服务业的发展。

在这一背景下，老北京人围绕“老字号”的经营特点创造了一批民谚俗语，这或许也是当时的城市流行语。

一　关于“老字号”的顺口溜

1.“头戴马聚源，脚踩内联升，身穿八大祥（或瑞蚨祥），腰缠四大恒”

清末民初北京城流传的这句顺口溜——“马聚源”“内联升”分别是当时有名的帽店和鞋店；“八大祥”指的是瑞蚨祥、瑞生祥、瑞增祥、瑞林祥、益和祥、广盛祥、祥义号、谦祥益八家带“祥”字的绸布店；“四大恒”是指恒利、恒和、恒兴、恒源四大钱庄。如今，“马聚源”“内联升”“八大祥”之首的“瑞蚨祥”都是商务部确定的首批“中华老字号”。顺口溜中提到的这些老字号在当时都是响当当的品牌，其产品与服务不仅是质量的保证，对于消费者来说还是身份的象征。

先说“马聚源”，嘉庆二十二年（1817年）创办，店面位于前门外鲜鱼口，主要生产清政府所需的缨帽和高级帽子。缨帽所需的缨子用西藏牦牛尾制作，并用藏红花染色，尽管原材料采买路途远、成本高，但马聚源以真功实料被誉为北京帽业之首。当时许多人以拥有一顶马聚源的帽子为荣。

“内联升”，我们在前面曾经提到，其定位为朝靴店，以皇亲国戚、文武百官为目标消费群体。产品使用天然材料并全部手工制作，如鞋底、鞋面都用精选的棉、麻、毛和绸，连粘鞋底的糨糊都是面粉调制的。特色产品“千层底”，鞋底32层，每平方寸用麻绳纳81—100针，针码分布均匀，一双普通的“一字底”要纳 2100 针，“十字底”要纳 4200 针。“内联升”的朝靴厚而不重，既庄重、大气，又舒适、轻巧，很受达官贵人们的欢迎，洋务大臣李鸿章、两广总督刘长佑、恭亲王奕䜣等都是“内联升”的主顾，宣统皇帝溥仪登基时穿的龙靴，也是从“内联升”定制的。

再说“八大祥”之首的“瑞蚨祥”。清末民国初年，“瑞蚨祥”已经成为北京最大的绸布店。与“马聚源”“内联升”不同的是，“瑞蚨祥”不仅仅将消费者目标定位于达官显贵，销售富贵人家需要的绸缎、皮毛，而且也销售寻常人家要买的蓝白布、花色布。其经营的山东土布“大捻布”，在北京很受欢迎。对顾客，不论贫富，都提供热情的服务，靠着货真价实、服务周到，“瑞蚨祥”赢得了不同阶层消费者的喜爱和信赖。

“四大恒”是指恒利、恒和、恒兴、恒源，是我国规模最大、历时最久、影响最广的钱铺。“四大恒”同属一家，业务上各有分工，其中，“恒利”是主店，“恒和”负责官宦富户的存、放款业务，“恒利”“恒源”专放当商款。“四大恒”

起初的经营范围包括金、银买卖，金、银锭铸造，存、放款等。后来为了解决银两不便于携带的问题，率先发行了可以在市场上流通的“银票”，这一创新使得“四大恒”的声誉得到了很大的提升。

因此能“头戴马聚源，脚踩内联升，身穿瑞蚨祥，腰缠四大恒”，就意味着头戴官帽、脚蹬朝靴、身穿高级定制的服装、腰间揣着大额的银票。能齐备这四样的，必然是有地位、有身份、腰缠万贯的人。这句顺口溜，是对当时富贵者衣着装扮的一种描述，也掺杂着寻常人对身份、地位、财富的向往；同时，更是对这些字号品牌的赞誉。它的广泛流传，对这些字号品牌无疑是一种很好的口碑传播。

2.“四大恒，八大源，二十九家官炉房”

“四大恒，八大源，二十九家官炉房”是清中晚期北京金融行业中的核心部分，“四大恒”我们前面已经提到，是恒利、恒兴、恒和、恒源这四家联号钱铺。“八大源”是指宝源、会源、隆茂源、茂盛源、同源、福源、德源、震源八家银号。炉房，主要业务是化铸银子，也有部分存款业务，后来炉房营业则以存放现银为主，熔化银锭反而成为附属业务。咸丰晚期至同治二年（1863年）之间出现官炉房，“二十九家官炉房”指当时的裕丰炉房等二十九家为官府服务的炉房。官炉房必须在户部注册，接受户部的任务，“由户部批准的北京官炉房将各省五十两银改铸成色一致的十两重银锭，便于缴交户部银库，以备发饷之用。各省银锭解缴户部时必须通过京炉房，方能验收入库，这是官炉房的重要任务，也是它们受益渠道所在”。

3. 与餐饮“老字号”有关的顺口溜

“老字号”中，餐饮类“老字号”占了相当比例，与之相关的顺口溜也有不少，如“不到长城非好汉，不吃烤鸭真遗憾”，说的是全聚德的烤鸭；“羊肉谁家嫩，要数东来顺”，说的是东来顺的涮羊肉。相比顺口溜，与餐饮行业“老字号”相关的歇后语似乎更加丰富。

二　与“老字号”有关的歇后语

歇后语是汉语所独有的现象，是民俗文化、民间智慧的结晶。歇后语由前、后两部分组成，前面的部分多描述事实，带有隐语的性质，类似于谜面；后面的部分是谜底，先说出前半部分，暂时“歇后”，让人猜是什么意思，所以，人们将这种有着独特结构和表达方式的口头语言形式称为“歇后语”。

老北京人常说的歇后语，不少是有关“老字号”的，如“砂锅居的买卖（幌子）——过午不候”“会仙居的炒肝——没早没晚”“王致和的臭豆腐——闻着臭吃着香”“东来顺的涮羊肉——真叫嫩”“六必居的抹布——酸甜苦辣都尝过”“鹤年堂讨刀伤药——死到临头”“吃了烤肉到卢沟——晚（宛）来晚（宛）走”“同仁堂的药——货真价实”等。

这些歇后语，有的与“老字号”的经营特

点有关，有的与“老字号”的产品有关，有的与“老字号”的名称有关。

（一）与“老字号”经营特点有关的歇后语

1.“砂锅居的买卖（幌子）——过午不候”

这句歇后语是用来形容某件事情有时间限制，去晚了就赶不上了；某件东西数量有限或者供应时间有限，去晚了就没有了。那么，这句歇后语从何而来呢？

前面我们提到，“砂锅居”是顾客叫出来的字号，与店里的一口特别引人瞩目的大砂锅有关。“砂锅居”刚开业的那些年，一般都是头一天晚上宰杀一头一百来斤中的京东鞭猪，收拾干净后，将肉放入那口直径四尺、深约三尺的大砂锅里煮整整一夜。到第二天早晨肉煮得恰到好处，店门一开，食客络绎不绝，往往不到中午，肉就卖光了。所以就有了“过午不候”的说法。如此看来，一口锅、一头猪，“过午不候”是因为产品质量高而生产能力有限，这种“供不应求”的状态越发使得“砂锅居”的白肉“奇货可居”，如同今天我们所说的“供不应求”。

为什么不能扩大生产能力，增加砂锅以满足食客需求呢？据说与“砂锅居”刚开业之时的原材料来源有关。满族在祭祖祭天时，习惯用白煮猪肉，这种白煮肉被称为“祭神肉”。清朝建都北京后，皇室和王公贵族的祭祀活动频繁，就产生了大量的“祭神肉”，主人家吃不完这么多肉，就会赏赐给下人。据说是定王府的更夫拿了“祭神肉”出来换钱，慢慢地就形成了这家经营白煮肉的买卖。而王府里的“祭神肉”并不是天天都能有的，每次得到的肉得匀着卖，于是，“砂锅居”自开业之始，每天就只营业半天，到中午12时，就摘幌子、卷门帘，停止营业，这一经营传统一直持续到民国年间。

2.“会仙居的炒肝——没早没晚”

与“砂锅居的买卖（幌子）——过午不候”相反，“会仙居的炒肝——没早没晚”形容没有时间限制，什么时候去都行。这一歇后语的产生与会仙居的营业时间长有关。

“会仙居”是“北京炒肝”的创业者，开业于清同治元年（1862年），1956年公私合营时与“天兴居”合并。天兴居开业于1933年，两家都位于前门鲜鱼口，合并后，使用“天兴居”的字号。

“会仙居”研发出令其名声大噪的炒肝，经历了很长一段摸索时期。1900年之后，曾效仿邻家店铺的白水汤羊，用猪肝、肺、心、肠等制作“白水杂碎”，但顾客并不喜欢这种口味，杂碎中的猪心、猪肺甚至被顾客直接扔掉。正当一筹莫展之时，一位报社记者杨曼青给店家建议：把“白水杂碎”中的心、肺去掉，用除去腥臭味儿的猪肠、猪肝为原料，加上葱、姜、蒜末儿、酱色并勾芡，并且还帮他们起好了名字——炒肝。会仙居的炒肝用料干净、佐料入味、火候讲究，再加上给他们出主意的记者的鼎力宣传，一下子名声鹊起，顾客络绎不绝。而且“会仙居”营业时间长，基本上什么时候去都能吃到。因此，这句“会仙居的炒肝——没早没晚”就渐渐传开了。

3.“同仁堂的药——货真价实”

“北京同仁堂”创办于清康熙八年（1669

年）。1706 年，乐凤鸣总结前人制药经验，完成了《乐氏世代祖传丸散膏丹下料配方》一书，在该书序言中明确提出“炮制虽繁必不敢省人工，品味虽贵必不敢减物力”，这掷地有声的诺言，已成为同仁堂的经营理念，享誉中外。创业之初，“同仁堂”将行医卖药作为“可以养生，可以济世”的事业，以“修合无人见，存心有天知”为信条，制药严格依照配方，选用地道药材，从不偷工减料，以次充好。因此便有了“同仁堂的药——货真价实”的歇后语。

也有研究者认为“同仁堂的药——货真价实”除了同仁堂自身恪守医德的因素外，还与其是为皇室内廷制药的药店有关。一方面，为皇家服务，必须保证质量，否则会丢掉身家性命；另一方面，在民间看来，能为皇家供药的字号，品质一定是过硬的。

（二）与“老字号”的产品有关的歇后语

1.“东来顺的涮羊肉——真叫嫩”

东来顺最初是“东来顺粥铺”，1914 年更名为“东来顺羊肉馆”。东来顺的羊肉嫩，与其选材、刀工、锅子有直接关系。东来顺的掌柜丁德山每年秋天从德胜门外马甸的羊市购买产自内蒙古集宁的优质绵羊，交给佃户牧养，等羊喂肥了，只留下肉质最嫩的羊上脑、羊后腿。这种羊原本就品质好、不膻不腻，加之又精选出最适合涮着吃的部位，更是从原材料上保证了这个“嫩”字；涮着吃的羊肉在切片时对刀工有很高的要求，只有足够薄，才能一涮就熟，丁德山把正阳楼刀工最好的切肉师傅高价请来，在东来顺带出一批刀工过硬的徒弟，半斤羊肉可以切到40片左右，4寸长、1寸宽，在口感上保证了这个“嫩”字；除此之外，涮肉的锅也很关键，东来顺的火锅是由丁德山自己开办的铁铺特制的，炉筒比一般的火锅大，火力因而更旺，羊肉入锅即熟，从而在火候上保证了这个“嫩”字。在今天看来，精明过人的丁德山打造了一个完整的生产链条，对各个环节进行有效的质量管控，从而保证了产品的绝对竞争优势。因此，“东来顺的涮羊肉——真叫嫩”这句歇后语就这样流传开来了。

2. “王致和的臭豆腐——闻着臭吃着香”

王致和本是进京赶考的安徽举人，因未考中，留在京城继续备考，为谋生计，制作豆腐出售。一次偶然的机会，阴差阳错发现了“臭豆腐”的奥秘。清康熙十七年（1678 年）他开办了臭豆腐作坊，其制作的臭豆腐因风味独特，传入宫中，据说还被慈禧列为御膳小菜，赐名“御青方”。崔金生在《老字号风情歇后语》一文，对王致和臭豆腐为什么闻着臭吃着香做了解释：“当年王致和无意中把卖剩下的豆腐放在缸子里，加上盐。时值夏天，外面热，发酵时间短，含蛋白质的鲜豆腐分解的彻底，产生了硫化氢和氨基酸，硫化氢是发臭的气体，而氨基酸具有十分鲜美的味道。因此，臭豆腐闻起来发臭，吃起来却味道醇香。”

“王致和的臭豆腐——闻着臭吃着香”，这句歇后语颇有哲学内涵。其表达的意思是“表”和“里”有可能是不一致的，不要被事物的表面现象所迷惑，要在实践中，发现事物的本质。

3.“六必居的抹布——酸甜苦辣都尝过”

六必居是以生产酱菜而闻名的，生产酱菜的作坊、销售酱菜的柜台，必然会备有抹布，以擦去酱菜汤汁。六必居的酱菜有酸、甜、苦、辣、咸等多种口味，那么，那抹布想必也沾染上各种味道。所以，人们创造出“六必居的抹布——酸甜苦辣都尝过”这句歇后语，用来形容一个人经历丰富、见多识广，或是历经磨难、人生坎坷。

（三）与“老字号”名称有关的歇后语

比如“吃了烤肉到卢沟——晚（宛）来晚（宛）走”，歇后语后半句中出现了两个“宛”字，前一个是指位于宣武门内大街的“烤肉宛”，后一个是指卢沟桥所在的北京宛平县。这句歇后语利用“宛”和“晚”的谐音，从烤肉宛来到宛平城去，即所谓宛（晚）来宛（晚）走。“吃了烤肉到卢沟——晚（宛）来晚（宛）走”，用来形容一个人来得晚，也走得晚。崔金生在《老字号风情歇后语》中举例道：“在日常生活中，说某人来晚了，要罚他晚走，就可以幽默诙谐地说：你今天要‘吃了烤肉到卢沟——晚（宛）来晚（宛）走’。”

（四）成因略为复杂的歇后语

如“鹤年堂讨刀伤药——死到临头”，这句歇后语既与所提“老字号”店铺的位置有关，又与其经营的内容有关。俗话说“先有鹤年堂，后有菜市口”，菜市口在清代成为行刑之处，而鹤年堂的位置就在刑场对面，也正因其所处的这一特殊位置，身为药店的鹤年堂却被安排了一项额外职责。据说每当官府要在菜市口处决犯人的时候，会在前一天通知鹤年堂，要其提前为监斩官、刽子手们准备酒菜。在行刑这一天，鹤年堂就得关门停业，招待行刑人员吃喝，待其酒足饭饱，便在鹤年堂门前摆好监斩台，这时，往往已经有很多看客在围观了。

从位置上讲，因鹤年堂距离刑场很近，到了鹤年堂，离刑场就不远了，所以说“死到临头”；从鹤年堂的经营内容来说，其是一家药店，据说曾自制一种名为“鹤顶血”的麻醉药，可以致全身麻木、减少痛感，所以，会有犯人的家属购买这种药，并买通狱卒将药交与犯人，以减少其受刑时的痛苦，因而也就有了“鹤年堂讨刀伤药——死到临头”这种说法。

第四讲

食品加工类“老字号”

本讲至第八讲将分食品加工、餐饮饭庄、医药、服饰鞋帽以及书画工美五大类，“由面到点，点面结合”，通过具体案例的多视角探究，发现“老字号”在文化传播方面的独到之处，进而探索这种文化传播与其百年绵延之间的关系，期待能够窥豹一斑，提炼出具有一定普遍可行性的规律。

商务部确定的首批“中华老字号”中，北京有67家，其中食品加工类的有25家，占比为37%，居各类之首。

食品加工类的“老字号”大多是围绕“开门七件事”，与人们的日常生活关系密切，也是目前所有种类的“老字号”中，与大多数消费者的接触频率最高的。“开门七件事，柴米油盐酱醋茶”，这一说法始自宋代，在南宋吴自牧所著的《梦粱录》中可以看到相关的记载。原本提到的本是“八件事”,除了“柴米油盐酱醋茶”，还算上了“酒”。到了元代，人们认为“酒”并非生活中的“刚需”，不应与其他“七件事”并列，于是就将“酒”去除，仅保留我们现在常说的“七件事”。因为《梦粱录》是现在能看到的关于“开门七件事”的最早记载，所以，研究者通常将吴自牧作为“开门七件事”的提出者，同时，也推断“开门七件事，柴米油盐酱醋茶”的说法在宋代人的口语中应该已经开始使用。

而今在北京，即便是一些社区的便利店里，都会摆放着六必居和天源的酱菜、干黄酱，京晶的盐、京糖的糖、龙门的醋、金狮的酱油、白玉的豆腐、义利的面包，在北京人的生活中，这些老字号已经成为日常生活的必备品，有的甚至是一日三餐的必需品。在稍具规模的超市中，除了上面列举的这些货品，生肉柜台一般都可以看到月盛斋的牛羊肉；熟肉柜台有天福号的酱肉、香肠系列；相比其他几家糕点老字号，稻香村的销售网点最多，所以超市中也常可以看到北京稻香村的专柜；其他还有百花的蜂蜜、通三益的秋梨膏、牛栏山和红星的二锅头等。在一些大的购物中心，一般会设有特产超市，比如在北京公主坟的城乡华懋，超市中可以看到吴裕泰、张一元的专柜，并且也可以看到其他几家糕点老字号的牌子。

这些“老字号”在数百年的风云变幻中，历经政权更迭、外敌入侵、自然灾害等，如何能安身立命、招牌不倒呢？笔者试图从“老字号”们通过构建自身的特色文化，并借助有效的语言传递，与消费者形成良好的相互依存关系这一视角进行探究，看一看语言文化传播在“老字号”百年绵延中起到了怎样的作用。

一　酱菜“老字号”：皇城根下的特色“代言”文化

翻阅六必居、王致和、天源酱园等老字号

的历史资料，可以发现巧打“皇家”牌，或者巧打“贵人”“名人”牌,是具有共性的营销手法。

清同治八年(1869年)，“天源酱园”在北京西单开业，老板特意引进御膳房的酱菜腌制技术，其制作的京味酱菜，甜咸适度、味道鲜美，据说有一次，慈禧尝了“天源酱园”的桂花糖熟芥，觉得好吃，“天源酱园”老板闻知此讯，大喜，马上把店里盛放桂花糖熟芥的大瓷坛用红漆木装饰，并书“上用糖熟芥”字样，太后吃过而且赞赏的酱菜，在当时无疑是一条效果极佳的广告，果然，“天源酱园”一时声名远播，不仅寻常人家要买来品尝，一些达官贵人也慕名而至。精明的酱园老板“趁热打铁”，恳请当朝翰林陆润庠为其题写了“天源号京酱园”的招牌，酱园因此又增荣光。至清末，翰林王垿又为天源酱园题写了“天高地厚千年业，源远流长万载基，酱佐盐梅调鼎鼐，园临长安胜蓬莱”，这首赞美“天源酱园”的藏头诗被店家高悬于店堂四柱，连同牌匾与慈禧的“口头表扬”一起，为百年酱园的美味酱菜“代言”。

清康熙十七年（1678年），进京赶考、屡试未中的王致和挂起“王致和南酱园”的招牌，开起了主营臭豆腐、兼营酱豆腐及酱菜的作坊，臭豆腐颇受人们欢迎，并于清末传入御膳房。据说慈禧喜将臭豆腐当作日常小菜，但不喜“臭豆腐”这个名字，因其色泽与形状，为其赐名“青方”，王致和臭豆腐由此变身“御青方”。“王致和”店前牌匾上也加上了彩绘的龙头，象征“上用”，“王致和”和“南酱园”这两块匾分别由孙家鼐、鲁琪光所题写。鲁琪光是清代著名书法家；孙家鼐是咸丰九年状元、光绪帝师、京师大学堂首任管理学务大臣，历任礼部、户部、吏部、刑部尚书及文渊阁大学士、学务大臣等。除了题匾，孙家鼐还为“王致和”题写了两副“藏头对”，一副是“致君美味传千里，和我天机养寸心”，另一副为“酱配龙蟠调芍药，园开鸡跖钟芙蓉”，首字连在一起就是“致和酱园”。

对比“天源酱园”和“王致和”，同样都有慈禧喜食、贵人与名人题匾以及藏头诗，俗话说“酒香还怕巷子深”,“天源酱园”在近 150 年间、“王致和”在 300 多年里能够经历大浪淘沙，既要产品经得起考验，又要善于借势营销。慈禧太后的“口头评价”虽未悬挂在店内，但是却有着强大的“号召力”;状元翰林的字与诗，通过高悬门前，固化为老店的“金字招牌”。

二 肉制品“老字号”:被慈禧特赦的掌柜，铁质包装盒上的广告

北京有两家肉制品老字号入选商务部首批“中华老字号”名录，分别是“天福号”和“月盛斋”。

“天福号”，刘凤翔创办于乾隆三年（1738 年）。初名“刘记酱肉铺”，后据说在旧货市场寻得一块写着“天福号”三个字的旧匾，有“上天赐福”之意，且三个字颇有神韵气势，将此匾悬挂于店门之上，从此肉铺就有了“天福号”这一字号名称。

“天福号”最有名的是酱肘子，很受清朝的达官显贵以至慈禧老佛爷青睐。据说慈禧专门赐给“天福号”一块腰牌，便于往宫里送肘子。

2008年，天福号酱肘子制作技艺被确定为“国家级非物质文化遗产”。目前，这家“老字号”建立了由直营店、加盟店和商超专柜构成的庞大的销售网络，其直控销售网点已经达到了将近500个，另有数十家直营门店。

“月盛斋”主营清真酱牛羊肉，由马庆瑞创办于乾隆四十年（1775年）。据《京华老字号》一书记载：其酱羊肉十分好吃，一开始是受到朝廷官员的好评，后来消息传进宫中，月盛斋的酱羊肉随之被列入“御膳房”的食谱，清宫祭祀用的“祭羊”也定由月盛斋提供，并赐入宫的腰牌。尽管“天福号”“月盛斋”并没有如酱菜老字号那样，在瓷坛上标明“上用”，但是被指定为特供皇家的商号，广告效应还是非常显著的，很多人慕名来购买品尝。

相比其他“老字号”，“月盛斋”不仅精于讲故事，而且还善于延宕“字号”营销的时间与空间。从两件事上，可以看出“月盛斋”的广告传播意识与水平。

一是一则流传甚广的故事，主题是“慈禧太后赦免月盛斋掌柜死罪”。据说慈禧太后每年夏天在颐和园避暑，每天晚上都要吃烧饼夹肉，烧饼是刚出炉的酥香烧饼，肉是月盛斋刚酱好的美味羊肉，再配上一碗粥，这味道俘获了吃惯了山珍海味的老佛爷的胃，也救了月盛斋第四代掌柜马德成的命。因酱羊肉对了慈禧的胃口，月盛斋的掌柜需要到寿膳房轮值，有一天晚上，马德成照例去颐和园给太后和皇上送肉，可能是太累，竟然抽着烟就在后山睡着了，结果引发了山林大火，按照律法当斩，这时，慈禧很霸气地说了一句：“办了他，我吃什么？”于是，这事就不了了之了。这则故事的真实性不得而知，但对月盛斋的影响力却是巨大的：佐证了月盛斋酱肉的美味，给人以丰富联想的空间。

第二件事与“月盛斋”服务理念有关，清朝末年，随着前门火车站的开通，南来北往的旅客慕名到月盛斋买酱牛羊肉，马德成很有商业头脑，设计制作了一种叫作“外省行匣”的方便铁盒，作为酱肉的包装盒，便于顾客携带和保存。不仅如此，还在铁质包装盒上写着“京师月盛斋马家老铺五香酱羊肉”以及“精工制作，四远驰名，前内户部街路东”的字样，既写明了字号名称、主营产品，又承诺了产品质量、介绍了产品的社会评价，最后，附上详细的门店地址。这两句印制在包装盒上的广告语高度凝练，字数不多，信息量大，关键信息一个不少。据清夏仁虎所撰的《旧京琐记·市肆》记载：“月盛斋者以售酱羊肉出名，能装匣远赍，经数月而味不变。”所以说，随着这一“外省行匣”乘火车去到全国各地，“月盛斋”的字号也声名远播。这一巧思妙想的广告媒介，在当时可谓延宕了“字号”品牌传播的时间与空间。

三 茶叶“老字号”：“三自”技艺入“非遗”，“三点”服务得人心

“吴裕泰”，创建于清光绪十三年（1887年），

起家于北京北新桥大街路东的一个门洞，初为茶栈，以批发自家窨制的茉莉花茶为主。当时，北京茶叶市场竞争激烈，“吴裕泰”凭借茶叶制作的“三自”方针和对顾客的明确定位，很快获得市场的认可，而且先后开了11家分号，影响力不可小觑，从老舍先生的《茶馆》里的那家名为“老裕泰”的茶馆便可知一二。

2011年，“吴裕泰”的茉莉花茶制作技艺入选第三批国家级非物质文化遗产名录。花茶制作工艺是“吴裕泰”的一大亮点，其100多年来所坚持的“三自”方针也为老顾客们所熟知。所谓“三自”，即“自采、自窨、自拼”，茶坯从安徽、浙江等茶叶基地自采，再运至福建花乡自己的窨花基地加工，最后运回北京自拼。之所以严格坚持“三自”，是因为茉莉花茶对原材料和加工流程有着极高的要求，只有坚持自采、自窨、自拼，才能保证花茶的口感。

首先，茉莉花的香气浓度、鲜灵度都直接影响花茶成品的质量，为此对采花的时间有“苛刻”的要求，“自采”严格遵循吴裕泰的“上午不采、阴天不采、雨后三天不采”的“三不采”原则；不仅对采花有时间上的严格要求，采茶也是如此，制茶坯的茶叶要采于中国二十四节气“清明”前或“谷雨”前后。

其次，手工窨制的茶叶经过八窨八烘，使茉莉花在酶、温度、水分、氧气的综合作用下慢慢分解出香味，茶胚在吸收香味的过程中也吸收了水分，水的渗透产生化学吸附，使其在湿热下可以发生复杂的化学变化，从而使“吴裕泰”的花茶在冲泡时，可以发生由绿到黄的色泽变化，口感也会由淡到浓、由涩到醇香。

“吴裕泰”的茉莉花茶不仅比一般茶叶窨制的次数要多出三四次，而且还多了一道“自拼”的工序。窨好的原料茶本可以直接出售，但“吴裕泰”会根据原料茶的口味特点再次进行拼配。而且，“吴裕泰”人认为拼茶是把好质量的关键，拼茶的关键又在品茶，一种茶叶的拼配要反反复复地仔细品味、拿捏。据《北京老字号》一书中介绍，“吴裕泰”茶庄的顾客90%以上是回头客。有的顾客年年、天天喝“吴裕泰”的某一种档次的茶，口味喝得很精，茶叶稍有变化，这些老顾客马上就会尝出来。因此，在拼茶这个环节，要将原材料的些微变化“抹平”，保证茶口味的“始终如一”，在绿茶的清爽中蕴藏着茉莉花的芳香，这一独特的味觉享受，被人们称为“裕泰香”。

对自身产品质量严格把控、精益求精的“吴裕泰”，却并非把目标市场锁定达官显贵，从开业之初，其市场定位就是为一般消费能力的人群提供物美价廉的茶叶，在此基础上，兼顾高端群体。即便在今天高档茶叶动辄每两的价格成百上千元的状况下，“吴裕泰”的高端茶在所有产品中的比例也控制在10%以下。

在明确顾客定位的基础上，“吴裕泰”的工作人员在长期的店面销售中总结出了“三点”服务准则，即“介绍茶叶嘴勤点，称包茶叶手快点，热情服务周到点”，从行业语言服务的角度来说，这“三点”可以说是从包含语言与非语言的服务方面，为进入门店的顾客营造出了“宾至如归”的氛围。

而今，“老字号”要想在与外来品牌、年轻品牌的竞争中被更多的消费者所了解，就不能仅仅是“等客来店”，就营销谈营销。“吴裕泰”有一种做法就是把品牌营销“隐藏”在茶文化的传播中，起到潜移默化、润物无声的营销效果。2014 年,“吴裕泰”策划实施了“移动茶站”进社区活动，全国 350 家连锁店，每家店对周边 3 公里范围的社区、学校、企业进行活动“覆盖”，一边传播茶文化、普及茶知识、介绍健康饮茶方法，一边请大家品尝“吴裕泰”的茶，从消费者体验角度来说，这的确是一种行之有效的营销方式。

四　糕点“老字号”：南味食品走红京城，三家店的百年沉浮

在商务部认定的首批“中华老字号”中，北京上榜的四家糕点、面包老字号中，有三家的名字较为接近：稻香村、桂香村、稻香春。

不熟悉的顾客，有时候会“傻傻地分不清楚”。桂香村与稻香村仅一字之别、稻香春与稻香村也是一字之差，它们之间有什么样的关联吗？

先说“稻香村”。在北京，有两家“稻香村”，一家是前身为“稻香村南货店”的北京稻香村；一家为苏州稻香村在北京注册的“北京苏稻食品有限公司”。苏州的“稻香村”始创于清乾隆三十七年（1772年），清光绪二十一年（1895年），苏州“稻香村”掌握制作技艺的南京人带着几个伙计来到北京，在前门观音寺开办了“稻香村南货店”，这就是后来的“北京稻香村”，是京城首家经营南味食品的字号。今天，“稻香村”商标为苏州稻香村所有，北京稻香村注册了“三禾”商标，以做区分。

再说“桂香村”。根据《驰名京华的老字号》一书中的描述，“桂香村”的创办人朱有清，本是位于前门观音寺的“稻香村南货店”的合资人，其于1916年从“稻香村南货店”退股，然后，独自出资1000银元，在西单北大街白庙胡同口开设了“桂香村南货店”。不过，《京华老字号》

一书对此的描述有所不同：1911 年，“稻香村”被汪荣清接手经营，汪想另立门户，于是和 10 名股东合资在“稻香村”附近开了“桂香村”，之后，又在西单开了“桂香村”的分号。再后来，股东朱有清出资 1000 元，买下了“桂香村”的产权，开始独资经营。

最后再看“稻香春”。“稻香春”的创办人是江苏丹徒人张森隆，其 1915 年来到北京后，在东安市场的东庆楼租了两间房，因为与“桂香村”的老板是同乡，所以一开始主要是给“桂香村”做代销。不久，发现货品销路很好，做代销不如自产自销，于是在东安市场北门路西又另租了房子，于 1916 年开办了“稻香春糕点食品店”。店铺之所以叫“稻香春”，一是因为以“稻香村”为名称的食品店为数不少，以“春”代“村”，以作区分；二是因创办者别号“春山”，取“春”字也与其别号有关。

从上面的梳理来看，当时北京的这三家南味食品店相互之间确实是有关联的，“桂香村”的创办人一开始是“稻香村”的合资人，后来撤股另立门口；“稻香春”的创办人是“桂香村”老板的同乡，最初是给“桂香村”做代销的，后来自立门户、自产自销。

相比后来创办的“桂香村”和“稻香春”，“稻香村南货店”的命运更具有戏剧性，经历了大起大落，之后又重新站到了最高点。

“稻香村南货店”在前门开业时，是京城第一家南味食品店，其所售南味糕点很受人们的喜爱。《旧都百话》中对此有一段描述：“自‘稻香村’式的真正南味向华北发展以来，当地的点心铺，受其压迫，消失了大半壁的江山。”并且，还对南味糕点走红京城的原因进行了解释：“糖多固是一病，但制法松软，不似北方饽饽式的点心之干硬，此乃南胜于北之大优点。”

但是，“稻香村南货店”的辉煌在20世纪20年代逐渐暗淡下来，并于1926年宣布关张。对于关张的原因，有几种说法：一是看到“稻香村”大受欢迎，北京城里陆陆续续又出现了一些挂着“稻香村”招牌的食品店，顾客也搞不清楚此“稻香村”和彼“稻香村”的关系，从而对“稻香村南货店”的生意造成了冲击。二是“桂香村”和“稻香春”的开业，对“稻香村”也产生了一定的影响，虽然据说三家有一个“君子协定”，“桂香村”“稻香春”和“稻香村”分别在西城、东城、南城设店发展，互不干扰，也可以理解为不去其他两家的地盘上开店。尽管大家都遵守这一协定，但是后来“稻香春”和“桂香村”都很快兴盛起来，特别是“稻香春”，从1917年开始，连着几年又是开饭馆，又是建食品店分号，又扩建“稻香春糕点食品店”，经营的南味食品种类又多，这样，没用几年，张森隆的“稻香春”就成为京城闻名遐迩的南味食品大店。相比之下，京城首家南味食品店“稻香村”开始显得发展乏力了。三是据说一场大火，成为了压倒“稻香村”的最后一根稻草。

在时局动荡的年代，“桂香村”苦心经营，发展并没有受到太大的影响。

“稻香春”因其老板张森隆特别善于结交人

脉、拓展市场，为顾客提供送货上门服务，赢得了距离远、时间紧不能上门购物的顾客。此外，他还因赈济贫苦，塑造了很好的社会形象，在很长一段时间里，一直是京城很有影响力的食品店。据《北京老字号》一书记载：1949 年后，不少名人都是这里的常客，如宋庆龄、张澜、李济深、蔡畅等。

而“稻香村”则是在 1926 到 1984 年之间，整整沉寂了 58 年。幸运的是它错过了许多历史大事件，却没有错过改革开放这一重要历史时机。乘着“要恢复发展名厂、名店、名特产品”的春风，1984 年 1 月 22 日，北京稻香村复业后的第一门市部东四北大街营业店正式开业。当时，有许多慕名而来的顾客提早在清晨的寒风中排起长队，从早到晚，顾客络绎不绝。此后，听说稻香村开业的消息，还有许多外地消费者托人帮忙代买，足见老字号的号召力。

从 1984 年到 2016 年短短的 32 年，“稻香村”老字号再次深入人心。

那么，“稻香村”是怎样重整旗鼓，再登峰顶的呢？

作为一家食品企业，第一，要让消费者能够“看得见”，既便于顾客购买，同时，门店也是一种“在场”营销，超市中的专柜维系的是老顾客对于品牌的忠诚度，商业区的连锁店同时还拓展和提升着新顾客对于品牌的认知度。“稻香村”于 1994 年成立集团、2005 年改制为有限责任公司，销售网络随之迅速构建，现在已经拥有百家连锁店、300 多个销售网点，并且还开始建立社区专卖店，2015 年，其销售额达到了 59 亿元。目前，“北京稻香村”在全国糕点行业中的市场份额占有率居于首位。第二，是对产品质量的自我要求，实现对顾客的食品安全和健康承诺，比如其在全国第一家实施月饼产品追溯体系、全国第一家使用“月饼”营养标签。第三，在确立市场优势地位后，能够居安思危，不断进行产品创新，如在 2006 年与中国农业大学合作，成立了传统食品研发中心，其在二十四节气推出的节令糕点，成为了产品中的一个亮点。第四，是进一步确立自己领军企业的行业地位，参与《月饼》（GB19855）、《糕点通则》（GBT 20977）、《元宵》（GBT 23500）等国家标准的起草。

“老字号”企业经历沧桑巨变，都有着自己的悲欢故事，但是，像“稻香村”和“稻香春”“桂香村”的故事在其中应该也属于很有戏剧性的了，这三家南味糕点老字号的百年沉浮，其中有许多值得深思的地方。

五　秋梨膏“老字号”：药食合一“通三益”，太医赠方偿夙愿

“通三益”创建于清嘉庆二十年（1815年），让其声名鹊起的是“秋梨膏”。据说清末的北京城，提起“通三益”秋梨膏，几乎没人不知道。在当时，“通三益”和“秋梨膏”就像同义词一样。

其实，“通三益”刚开张时以及此后的很多年，并不生产和销售秋梨膏，而是主营干鲜果品和海味，生意也很不错，当时，御膳房用的

干鲜果品和山珍海味，有相当一部分是由“通三益”供应的。那么，秋梨膏之于“通三益”是一种怎样的机缘巧合呢？它们的逻辑关系是这样的：水果店“通三益”每年秋天会供应一种秋梨，而北京人喜欢买这种秋梨煮水治咳嗽，特别是换季感冒的人比较多，这种秋梨就变得越发受欢迎了。在买秋梨的人里面，有一位太医，“通三益”的老板了解到这位太医总来这里买秋梨是为了给宫里熬制秋梨膏，就盘算着如果能得到太医制作秋梨膏的方子就好了，这样就可以自己生产销售秋梨膏了，肯定会卖得很好。

但是，这位老板在有生之年没能实现这一愿望，等到他的儿子做掌柜的时候，才想方设法从太医那里得到了这个来之不易的药方。据说，当“通三益”开始制作销售秋梨膏的时候，距离其“字号”创立已经过去了60年。确如“通三益”老掌柜的判断，秋梨膏上市大受欢迎。清末民初，“通三益”达到其发展的巅峰时期。民国初年，“通三益”秋梨膏参加了在太庙举行的食品博览会，并为此特意给秋梨膏注册了“醉翁”的商标，“醉翁”牌秋梨膏在博览会上广受好评，成为了畅销产品。此后，“通三益”的秋梨膏还走出北京，到南京、青岛等地参加展销，又因得到不少海外人士的喜爱，“通三益”秋梨膏的字号影响力还走出了国门。

一个“老字号”的养成,不仅需要好的产品，还必须要有好的服务，特别是与消费者面对面沟通时的语言服务。“通三益”和当时许多知名字号一样，也是“前店后厂”，对于在“前店”直接和顾客打交道的伙计，有四个字的服务规矩，即“笑、招、耐、轻”。“笑”是说要对顾客笑脸相迎和笑脸相送；“招”是指顾客进店要主动打招呼；“耐”是指对顾客要有耐心，即便顾客态度不好，也要彬彬有礼；“轻”是指把货品交给顾客或者给顾客找钱时，必须轻轻交到顾客手中。“通三益”对“前店”的伙计不仅有这四条明确的服务规定，而且还有配套的处罚措施，如有违反，轻则责骂，重则解雇。据说，在当时的店铺字号之间已经形成了一个“信用信息体系”，对于那些因违反店规被解雇的人，重新到其他店铺去应聘，一般也不会被聘用。可见，当时虽然没有大数据系统，但是通过以人为媒介的熟人社会系统，违规的店铺员工要为自己的行为付出很高的成本。从另一个角度也说明了老字号店铺对于员工聘用的谨慎态度与管理的严格。或许，这也是“老字号”企业能够百年、数百年不倒的一个重要因素。

但是，与本讲前面所述及的老字号所不同的是，“通三益”现在的发展并没有延续当年的辉煌。1956年公私合营后，以“醉翁”为商标的秋梨膏改由崇文区食品厂生产，“通三益”变成了只负责出售的门店，结束了原来“前店后厂”的历史。再之后，消费者只能在一些超市里发现老字号“通三益秋梨膏”的身影了。而且，现在消费者在市场上会发现有一种由北京市通三益保健食品有限公司生产的秋梨膏，还有一种是北京益华食品厂生产的“通三益秋梨膏”，不仅消费者分不清哪一个是正宗的老字号，有时连销售人员也说不清楚。

不仅消费者区分不出谁是李逵、谁是李鬼，20世纪90年代国内贸易部在确定“中华老字号”时也遇到过这一问题。内贸部先是将北京益华食品厂生产的秋梨膏确定为“中华老字号”，但随后发现还有另一个企业上报的关于“通三益”秋梨膏的材料，也自称是老字号。经过核对发现，后面这家企业将“通三益”三个字放入自己的企业名称中，还注册了“醉翁”和“通三益”两个商标，因此，内贸部给这家企业颁发了“中华老字号”的铜牌。

那么谁是当年获得太医药方制作生产秋梨膏的“通三益”的真正传人呢？经过调查，最终确认益华食品厂生产的“通三益”秋梨膏才是正宗的，“中华老字号”的铜牌被从企业名称中含有“通三益”三个字的那家企业收回了，但是“醉翁”的商标已经被注册了，我们前面提到过，民国初年，“通三益”为参加食品博览会，给自己的秋梨膏注册了“醉翁”商标，所以，益华食品厂所生产的秋梨膏现在使用的商标是“青松”。

第五讲

餐饮饭庄类“老字号”

2006 年，商务部确定了首批“中华老字号”，北京的 67 家“老字号”中餐饮饭庄类的有 21 家，占了 31.3%，占比仅次于食品加工类“老字号”。

名称	简介
来今雨轩	建于 1915 年，位于中山公园东侧，始为茶社，现为饭庄，以红楼菜为特色。
馄饨侯	1956 年公私合营时，由 7 个馄饨摊合并。
柳泉居	建于明代隆庆元年（1567 年），其京菜制作技艺被认定为北京市非物质文化遗产。
烤肉宛	建于清康熙二十五年（1686 年），其烤牛肉制作技艺被认定为北京市以及国家级非物质文化遗产。
砂锅居	建于清乾隆六年（1741 年），砂锅白肉是其招牌菜。
同和居	建于清道光二年（1822 年），是北京较早经营鲁菜的中华老字号。
烤肉季	建于清道光二十八年（1848 年），由北京通州的回民季德彩在什刹海边摆摊卖烤羊肉发展而来，烤肉技艺被认定为国家级非物质文化遗产。

续表

鸿宾楼	建于清咸丰三年（1853 年），始在天津，1955 年入京，被誉为“京城清真餐饮第一楼”，“全羊席”被认定为国家级非物质文化遗产。
首都玉华台	建于 1921 年，主营淮扬菜，初建时生意非常好，有记载其“年计流水盛时可达十万金”。
同春园	建于 1930 年，主营江苏菜，是当年京城“八大春”之一。
华天延吉	建于 1943 年，初名“新生冷面馆”，1963 年与西城饮食公司合并，改名为“延吉餐厅”。
又一顺	建于 1948 年，是北京著名的清真风味饭庄，系由“东来顺饭庄”的创始人丁德山所创办。
峨嵋	建于 1950 年，是北京第一家经营川菜的老字号饭庄。
便宜坊	建于明永乐十四年（1416 年），其焖炉烤鸭技艺被列入国家级非物质文化遗产名录。
都一处	建于清乾隆三年（1738 年），其烧麦制作技艺被列入国家级非物质文化遗产名录。
壹条龙	建于清乾隆五十年（1785 年），其涮肉制作技艺入选北京市非物质文化遗产名录。
天兴居	“会仙居”建于清同治元年（1862 年），1956 年公私合营,“会仙居”与“天兴居”合并,称“天兴居”。
全聚德	建于清同治三年（1864 年），是我国第一例服务类中国驰名商标，其挂炉烤鸭制作技艺被列入国家级非物质文化遗产名录。
丰泽园	建于 1930 年，主营山东菜，是旧京城“八大楼”之一。
听鹂馆	建于乾隆年间,位于颐和园内,是慈禧赏戏的地方,现主营宫廷菜。
东来顺	建于 1903 年，先为“东来顺粥铺”，1914 年更名为“东来顺羊肉馆”，以涮羊肉闻名。

按创建时间来看，超过100年的“老字号”有来今雨轩（1915年）、东来顺（1903年）、全聚德（1864年）、天兴居（1862年）、鸿宾楼（1853年）、烤肉季（1848年）、同和居（1822年）、壹条龙（1785年）、砂锅居（1741年）、都一处（1738年）、听鹂馆（乾隆年间）、烤肉宛（1686年）、柳泉居（1567年）、便宜坊（1416年）。

被列入国家级非物质文化遗产名录的“老字号”有便宜坊、都一处、烤肉宛、烤肉季、鸿宾楼；被列入北京市非物质文化遗产名录的“老字号”有柳泉居、烤肉宛、壹条龙。

便宜坊、都一处、天兴居、壹条龙等同属于北京便宜坊烤鸭集团有限公司（下简称为“便宜坊集团”）；柳泉居、烤肉宛、砂锅居、烤肉季、首都玉华台、又一顺、峨嵋等同属聚德华天控股有限公司旗下企业。聚德华天控股有限公司（下简称为“聚德华天”）由中国全聚德股份有限公司、北京华天饮食集团公司和福建超大集团三家构成，聚德华天在恢复、保护、发展餐饮“老字号”方面做了富有成效的工作，成为目前北京拥有“老字号”品牌最多、涵盖菜系最多的餐饮集团。便宜坊集团和聚德华天旗下的餐饮老字号加起来，占到了北京餐饮类“中华老字号”的“半壁江山”。

集团式发展也成为餐饮老字号参与现代竞争的一种重要方式，与今天的“巨轮”形象相比，不少老字号企业在创办之初，都只是一艘“小舢板”，比如，“东来顺”是1903年从一个小粥摊起家的，当时，丁德山与他的兄弟在刚刚兴起的东安市场靠着几条板凳、一辆手推车就摆起了粥摊，然后，又由一个摊位发展为一间小木棚，即“东来顺粥铺”，而今的“东来顺”已经成为有着16家直营店、近130家连锁店的“北京东来顺集团有限责任公司”；“烤肉宛”“烤肉季”也都是由一个烤肉摊发展起来的，但与“东来顺”在全国20多个省份建立连锁店所不同，“烤肉宛”“烤肉季”在很长时间里都是“只此一家，别无分店”，近年来才各自开设了一家分店。

餐饮老字号能够白手起家发展到今天，历经百年甚至五六百年的风云变幻，能够字号不倒，分析其原因，可以发现有自己的“绝活”“一招鲜”，是“老字号”在竞争中能够“安身立命”的重要因素。这些“绝活”如今已经陆续进入北京市和国家级非物质文化遗产名录，诠释着中华饮食文化的魅力。历史上文人墨客对这些“独门绝技”的记载、描绘以及赞誉，也构成了独具特色的“舌尖”图景。

一 “便宜坊”的焖炉烤鸭技艺与“全聚德”的挂炉烤鸭技艺

“便宜坊”建于明永乐十四年（1416年），距今已有600年了，在北京的餐饮“老字号”中可以说是最为“年长”的。“不到长城非好汉，不吃烤鸭真遗憾”，这句顺口溜里的“烤鸭”一般特指的是“全聚德”烤鸭，从烤鸭技法来讲，“全聚德”是挂炉烤鸭的代表，而“便宜坊”则传承的是焖炉烤鸭技艺。2008年，便宜坊的焖炉烤鸭制作技艺被列入国家级非物质文化遗产保护名录。

关于“焖炉”的记载，较早可见于北宋《营造法式》一书中。北宋时期，为规范建筑设计标准、材料使用、施工成本等问题，在哲宗元祐六年（1091年），由皇帝下诏颁行作监奉敕编修的《营造法式》；绍圣四年（1097年），又命李诫对其进行编修，以进一步明确工料使用标准，这一版本的《营造法式》于崇宁二年（1103年）刊行全国，并流传至今，其中对当时建筑及施工相关做法、经验的诠释与记载，为今天留下了珍贵的史料。《营造法式》中将“焖炉”描述为：用砖直接在地上起炉，有一立方米左右。砖为特制，可耐火调温。也有研究者认为中国人使用“焖炉”技术的时间可以追溯到商代，当时人们所使用的一种被称为“坩锅”的器皿是后来“焖炉”的“1.0版本”，这种容器是埋在地炉中使用的，可以有效聚温，在一个密闭的环境中焖制食物，防止热量散失，与后来“焖炉”的原理相似。汉代《说文解字》提到“燠”字，对其的解释是“热在中也”，研究者认为当时尚无“焖”字，“燠”实际上就是后来所说的“焖”，其所指的也就是“焖炉”技术。那么，“焖炉”用来制作“烤鸭”是始自何时呢？根据宋代孟元老的笔记体散记文《东京梦华录》中“外来托卖炙鸡燠鸭”的描述可以判断“焖炉烤鸭”在宋代已经出现了。元代的《饮膳正要》中有对“焖炉烤鸭”制作工艺的描述，其基本流程是先在炉内点燃秫秸（后改用煤气）等燃料，时炉膛温度升高，到一定炉温后，将燃料熄灭，然后，将鸭置入炉内，封闭炉门，暗火烤制。

“焖炉烤鸭”对操作者的经验有着很高的要求，温度的把握、时间的掌控等一系列环节大多只能依靠经验来操作。“便宜坊”焖炉烤鸭技艺第六代传承人白永明的徒弟王征在接受《文汇报》记者王乐采访的时候，对此进行了详细的描述。

首先，是炉温的把握，在焖炉点燃五六个小时后，需要将手掌贴于焖炉边缘的壁上，用手去探试炉温，如果感觉“温度柔和”，就可以开炉了；如果“有些爆手”，就得开炉门降温，这一手测温度的环节，如果没有经年累月积攒的经验，是很难把握其中的细微差别的，而适宜的炉温对于烤制的成功至关重要，200℃到220℃是烤制的最佳炉温。

其次，是要控制开炉门的时机、给鸭坯翻个儿以及调整位置，这一系列动作不仅难度系数高，而且必须在10秒以内完成。从鸭坯放入炉内到烤好出炉一般需40分钟，在这个过程中，需要精准地判断什么时候需要开炉门给鸭翻个儿，打开炉门那一刻，操作者需要根据鸭坯的色泽来判断烤炙的程度，然后在给鸭坯翻个儿的同时迅速将其换到合适的位置继续烤炙，炉内烤炙的鸭坯有时达六七只，要手眼并用地在以秒计算的时间内完成给每只鸭坯的翻转换地，其对手法的熟练程度的要求之高可想而知。如果动作稍慢，炉门打开时间略长，炉内温度发生变化，就会直接影响烤鸭的口感。

入选国家级非物质文化遗产名录的“焖炉烤鸭”技艺的确是技术与艺术的结合体，一只完美的焖炉烤鸭外皮油亮、呈枣红色，皮酥脆、肉细嫩，可以给人带来莫大的味觉享受。因此，才会有“京师美馔，莫过于鸭，而炙者尤佳”的说法。

“全聚德”建于清同治三年（1864年），距今150多年，其“挂炉烤鸭制作技艺”在2008年与“便宜坊”的“焖炉烤鸭制作技艺”同时入选国家级非物质文化遗产名录。

挂炉烤鸭制作工序包括制坯、烤炙两大流程，制坯需要经过宰杀、烫毛、煺毛、吹气、开生、掏膛、支撑、洗膛、挂钩、晾皮、烫皮、打糖、再晾皮等一系列环节才能完成；烤炙使用果木为燃料，在特制的烤炉中，以明火烤制，其步骤分为堵塞、灌水、入炉、燎裆、转体到最后出炉。挂炉烤鸭采用明火，燃料须是耐烧的硬质果木木材，枣木最佳，梨木、苹果木次之，这样，烤出的鸭肉会带有淡淡的果木清香。

与焖炉烤鸭在密封的炉内烤炙所不同，挂炉烤鸭是在非密闭的环境中烤制的，烤炉只有门洞，没有门扇，炉内挂着鸭坯子，操作者用一根长杆不时将烤制好的鸭子挑出，再挑入一只生鸭坯。虽然挂炉烤制，可以实时观察鸭坯、把握火候，较之焖炉要根据经验确定开炉门给鸭坯翻个儿的时间，挂炉的难度看似要小一些，但实际上并没有想象的那么容易，仅用挑杆将鸭挑进、挑出，就得需要一定的功力，才能让鸭坯躲过炉口的火焰；在烤制的过程中，要凭借眼力、手力，随时调整鸭坯的位置，使其能够均匀受热。

为了能够让更多的人了解和关注老字号的历史，更好地诠释“全聚德”的品牌文化和发展理念，“全聚德”在和平门烤鸭店南侧集团总部办公楼三层辟出近400平方米的空间，筹建“全聚德展览馆”，并于2005年5月开馆。2014年7月，为了纪念开业150周年，“全聚德”筹建的展览馆新馆开馆，新馆位于“全聚德”和平门店七层，不仅面积达到了1000平方米，是老馆的两倍还多，展品也更为丰富，表现方式也更为多样化，书法、绘画、诗词、楹联、陶瓷、雕塑等元素有机融合，在中国传统文化的氛围中，向参观者呈现了包括实物和图片、图书、报刊在内的500余件展品。

展出的实物有老匾、老家具、老式器具及餐厅摆件、民国时期的地契、新中国成立后的国宴菜单、2008年奥运餐厅工作证及奥运菜单等，还有200多位国家和地区政要、数十位国际艺术大师在全聚德的留影与寄语。为了更加形象地展示“全聚德”挂炉烤鸭的制作工艺流程，展馆采用系列泥塑的形式对工艺流程中的四大环节、三十一道工序进行了呈现。并且围绕“食鸭文化”这一主题，通过文献资料和实物展示了历史上不同时期的“食鸭”典故，讲述了全聚德“鸭”菜研发的历史：从早期的“鸭四吃”到20世纪30年代包含20多道菜的“全鸭菜”，再到今天包含100多道菜的“全鸭席”，并且，还展示了50余道经典菜的模型和20世纪五六十年代的老菜谱。

在呈现字号历史的过程中，充分挖掘产品的文化内涵，实现与民俗文化、影视文化、会展文化的融合，是“全聚德”在品牌发展中的一大特色。

二 “柳泉居”的京菜制作技艺

“柳泉居”建于明代隆庆元年（1567年），

距今已有 450 年。其初建时，是北京知名的黄酒馆，据说，其自制的黄酒之所以香味醇厚，是因为店堂的后院中有一口泉眼井，用清澈甘甜的泉水酿出的酒自然非同一般，被人们称为“玉泉佳酿”。在清代的《陋闻曼志》中，有这样的记载——“故都酒店以‘柳泉居’最著，所制色美而味醇，若至此酒店，更设有肴品如糟鱼、松花、醉蟹、肉干、蔬菜、下酒干鲜果品悉备”,说明“柳泉居”不仅有美酒,还有佳肴。

因院中一株大柳树、一汪清泉水而得名的“柳泉居”原本是由山东人创办、以经营鲁菜起家的，但在其后的发展中不断贴合北京人的口味偏好，渐渐地发展成为一家以别具一格的京味菜为主打的特色饭庄。2009 年，柳泉居的京菜制作技艺被认定为北京市非物质文化遗产。

对于“京菜”，人们的熟知程度往往不及川菜、湘菜、粤菜、徽菜，除了烤鸭、涮羊肉以及一些小吃，“京菜”是否还有其他代表性的菜品？“京菜”有自己完整的体系吗？实际上，人们对于“京菜”认知的模糊，也恰恰说明了“京菜”构成的复杂性。我国的“八大菜系”是指鲁、川、粤、闽、苏、浙、湘、徽等菜系，在这八大菜系之外，加上京菜、楚菜，构成了“十大菜系”。那么，与名列“八大菜系”中的各菜系相比，“京菜”的形成与其所处的城市环境及人口构成密切相关。作为都城的北京，汇聚了来自全国各地的官员、商人以及文人墨客，也带来了对天南海北风味菜肴的需求，同时，交通的便利、物流的通畅，使北京可以集纳擅长制作各种风味的人才和山珍海味等各种原材料，加之汉、满、蒙古、回等多个民族在此聚居，使得北京的餐饮文化兼容并蓄，既融合了不同地域、民族的特色，又形成了鲜明的层级特征。

北京烹饪协会秘书长杜长友在接受《中国消费者报》记者蔡敏采访时，对京菜构成的分层现象进行了阐释。古时北京城市居民等级和贫富差距的客观存在，特别是其作为都城所特有的皇家文化等是导致京菜分层的主要原因。京菜从低到高可以分为五层：

第一层也就是最底层，是“北京小吃”。北

京小吃有 200 多种，价格便宜，普通人能消费得起，王公贵族有的也喜欢品尝。北京小吃根据来源、用料、做法可以分为清真、非清真两大类，清真小吃中多用糯米制作小点心、牛羊肉以烧和酱为主；非清真的小吃，主要是汉民族的做法，多用面粉制作面食，肉类较常使用猪下水。清代的《都门竹枝词》中鲜活生动地描述了北京品种丰富的小吃——“日斜戏散归何处？宴乐居同六和居。三大钱儿卖甜花，切糕鬼腿（即油条）闹喳喳。清晨一碗甜浆粥，才吃茶汤又面茶。凉果炸糕糖耳朵，吊炉烧饼艾窝窝。叉子火烧刚买得，又听硬面叫饽饽。稍麦（烧麦）馄饨列满盘，新添挂粉好汤圆。爆肚油肝香灌肠，木樨黄花片儿汤。”驴打滚、艾窝窝、奶油炸糕、棒槌果子、杏仁茶、茶汤、面茶、爆羊肚、卤煮等，都是具有北京特色的小吃。

第二层是“民间家常菜”。这一层的菜品形式、口味也非常多样化，既包括炸酱面、麻酱面，也包括葱爆羊肉、红烧肘子等，按照杜长友先生的说法，这些家常菜肴“多由清代因坐吃皇粮而变得游手好闲的八旗子弟利用他们过剩的精力和才智琢磨出来”，所以，即便是对于一碗炸酱面，也会透着完美主义的细节追求。

第三层是“特色餐馆菜”，这些特色菜因来源不同，相互之间风格迥异，“如沙锅居的白肉菜系本是满族风味，全聚德烤鸭来自山东，东来顺、鸿宾楼、烤肉季等则为自成体系的回族风味。这几类京味菜馆菜基本是其来有自、互不沾边”。但“因其久居于京而成为京菜组成部分”，在京菜系列中，和谐共生、相得益彰。

第四层是“官府菜”，以谭家菜和厉家菜为主，是一些颇讲究饮食的南方汉族官僚或满族贵族由府邸家厨的手艺发展而来的，菜品选料精、制作细，风味独特。黄焖鱼翅、清汤燕菜、扒大乌参等是其代表菜。

第五层也就是最顶层，是“宫廷菜”。采用山珍海味等上乘原料，兼具满汉饮食文化特色，经由历代御厨不断改进，在品种数量、口味层次、形式美感等方面达到了登峰造极的程度。

再回过头来说“柳泉居”，柳泉居的京菜制作技艺作为北京市市级非物质文化遗产，融合了上面所说的“特色餐馆菜”和“官府菜”的菜品风格，拔丝莲子、苹果、鲜奶等拔丝菜和系列豆沙包等特色面点为人们所称道，荷花燕菜、云片鲍鱼、果料鱼骨、金丝海蟹等特色菜充分体现了高层级京味菜鲜、嫩的特点。此外，“柳泉居”还有独具风格的“蟹宴”，以螃蟹为主料，配以多种辅料，可以制作出几十道冷热菜和面点，其中，最令人赞叹的是彩拼“荷塘秋蟹”，以优质香菇雕刻成蟹形，鲜活灵动，如同荷塘中一只只栩栩如生的螃蟹。在“蟹宴”中，与菜品相映生辉的还有银制蟹形餐具和用餐巾叠出的蟹形装饰，匠心独运。

三　“烤肉宛”“烤肉季”的烤肉技艺

立秋这天，到“烤肉宛”“烤肉季”吃“非遗烤肉”，成为一些北京人的“新民俗”。据《北京青年报》2015年8月9日的报道，“烤肉宛”“烤肉季”这两家老字号专门为立秋备下了1500多斤的烤肉。

烤肉宛建于清康熙二十五年（1686 年），距今已有 330 年，在北京经营烤肉的字号中是历史最久的；烤肉季建于清道光二十八年（1848 年），距今 168 年，两家字号在老北京有“南宛北季”之称，前者擅长烤牛肉，后者以烤羊肉为特色，两家各有所长、相映生辉。

“烤肉宛”的烤牛肉有“赛豆腐”之美誉，说的就是其口感鲜嫩。从选料到刀工，再到燃料和烤法以至最后的吃法，这一系列环节确保了食客的味觉享受。首先，选用西口产的四到五岁之间、阉过的公牛或只产过一胎的母牛，并且只选用牛上脑、米隆、尚头里脊等质嫩的部位；其次，靠过硬的刀工将牛肉切成薄片，所用的刀必须为特制钢刀，将肉切出均匀的柳叶形薄片，一斤肉要切出一百五十片左右；再次，须以松枝或松球作为烤肉燃料，采用特制的烤肉炙子并对“铁条”的间距有特定的要求；最后，牛肉片提前腌好入味，烤时先放葱丝，再放肉片进行翻烤，吃的时候通常会配上糖蒜、黄瓜条、辣椒油和酥脆的芝麻烧饼。烤肉有“文吃”和“武吃”两种吃法，区别在于，“文吃”是由店家烤好端上了直接吃，食者吃相较为斯文；“武吃”是食客自己边烤边吃，因此也称为“武吃自烤”。现在人们选用“文吃”的较多，但旧时老北京人“武吃”较为流行，有文字记载，食者皆围炉而立，一脚踩在长凳上、一脚踩地，一手端碗，碗中是由酱油、醋、姜末、料酒、卤虾油、葱丝、香菜末等调和而成的佐料；另一只手持近一米长的竹筷，将牛肉片放于火炙子上翻烤，肉烤好后就着糖蒜、黄瓜条、热火烧吃，香嫩酥脆，口感绝佳，在松烟缭绕中，再佐以烧酒，更让人有酣畅淋成之感，“武吃”这种吃法因具有地域特色，又被人称为“老京味”。

“烤肉季”以烤羊肉而著名，与“烤肉宛”一样，首先在选材上要非常讲究，选用张家口以西黑头、团尾的绵羊，用于烤炙的部位也有严格要求，只用后腿与上脑部分。其次，在切片之前还有一道重要的工序以保证肉质鲜嫩，就是要将切下的肉再进行剔选，去除筋膜、碎骨，然后用小箅帘布包好，压二十四小时的冰肉，之后，再切片。切肉片采用特制的、长约一尺五寸的刀，切出的肉片比涮肉的片略小，约宽2—3厘米、长7—10厘米，薄度要做到透明或者半透明。在烤法和吃法上，与“烤肉宛”的烤牛肉类似，“武吃”时，在大桌上放一口大铁锅，锅沿放一铁圈，上架铁条炙子，铁圈上留几个火口以便添加木柴。木柴原来多选用松球、松柴或柏木，现在改用木炭。在烤的过程中，为使肉片香嫩可口，还要不时洒上鸡蛋液，肉熟时撒上香菜段，不膻不柴、含浆滑美、香醇味厚的烤羊肉配上酥脆的热烧饼，入口时闭上眼睛慢慢体会，绝对是一种味觉享受。和吃烤牛肉一样，吃烤羊肉时也要配上热烧饼，就好比烤鸭要配薄饼，是众多食客经验的结晶，发展为约定俗成的固定吃法。

四 “都一处”的烧麦制作技艺

“都一处”建于清乾隆三年（1738年），其烧麦制作技艺被列入国家级非物质文化遗产名录。

烧麦，因其顶端造型如麦梢上绽开的白花，所以得名“梢麦”，后又演变成了“烧麦”，也有一些地方称其为“烧卖”。

烧麦制作一般包括和面、拌馅儿、揪面、擀皮儿、包制和上锅蒸等工序。“都一处”烧麦制作技艺的独到之处在于对皮儿的大小、薄厚和造型的严格掌握。首先是要薄，一张皮儿中间的厚度是1毫米，边上厚度仅有0.5毫米；其次是大小限定在11厘米；再次是造型上至少要有24个褶儿。“都一处”有“走槌压皮”的独家绝活，用走槌压出的皮可以呈现出24个花折，代表二十四个节气。蒸好的烧麦封口处露馅，皮褶似花瓣，中间的馅儿如花芯一般，整个烧麦看上去具有很强的观赏性。不仅皮儿有严格要求，馅料的调制也很有讲究。猪肉选用前臀尖和后臀尖，调馅要七分瘦肉、三分肥肉，这样可以香而不腻。拌馅儿采用高汤，高汤放凉后，除去表层的油，按照比例搅拌。同时，还要根据季节时令的变化，制作不同馅儿的烧麦，春夏秋冬分别有春韭烧麦、西葫芦烧麦、蟹肉烧麦和猪肉大葱烧麦等。此外，对于皮儿和馅儿的分量也有明确的规定，每四只烧麦用一两二的馅儿和一两三的皮儿，以保证烧麦的大小均匀、口感恰到好处。

五 “鸿宾楼”“全羊席”的“菜名文化”

“鸿宾楼”建于清咸丰三年（1853 年），始在天津，1955 年入京，被誉为“京城清真餐饮第一楼”，其“全羊席”被认定为国家级非物质文化遗产。

关明在《“全羊席”菜单琐谈》中对“全席”和“全羊席”进行了界定：“全席”是指用某种动物性原料为主要材料，利用其不同的部位，以不同做法，制作出不同口味的菜肴，是菜品丰富多彩、精巧别致且菜名文雅的“超级宴席”，如“全羊席”“全牛席”“骆驼全席”等。在“全席”中，流传最为广泛的是“全羊席”，由羊的头、肉、蹄和下水（内脏）为主料，经扒、爆、炸、烧、溜、蒸等多种手法烹饪而成的全席菜肴。袁枚的《随园食单》一书中对制作羊头、羊蹄、羊尾、羊肚羹、红煨羊肉、炒羊肉丝、烧羊肉等菜的方法做了介绍，认为全羊法有七十二种，可吃的不过十八九种。袁枚对于“全羊席”还评论道：“此屠龙之技，家厨难学。一盘一碗虽全是羊肉，而味各不同才好。”民国《清稗类钞》“饮食类”中的“全羊类”部分较为详细地描述了“全羊席”的烹制方法、菜品的形状和品味以及盛菜的器皿。记录菜品108种，实际制作的数量将近80种，较之《随园食单》中的菜品数量有了明显的增加。

从语言文化的角度看，“全羊席”最令人赞叹的是其菜名，虽均以羊为原材料，但所有菜的名称都不带一个“羊”字，从而形成了独具特色的“菜名文化”。吴正格在《“全羊席”小考》中提到的山东地区保存的一份“全羊席”菜单里，“明开夜合”指的是用羊眼所做的菜；“迎草香”指的是用羊舌尖做的菜，羊食草时会先用舌尖触碰到草，这一菜名既有画面感，又能引发食客的味觉联想；“千层梯”是指以羊嗓上膛后半截所制成的菜，因为羊嗓上膛骨密纹齿状呈梯形，故起此名，形象生动；“采灵芝”是指用羊鼻尖上的一小块圆肉做成的菜，因羊鼻尖肉小且珍贵，故有此名；“望峰坡”是指用鼻梁骨两侧的肉加工而成的菜，这个菜名也颇有讲究，羊鼻耸起似“峰”，“峰”下为“坡”，故名“望峰坡”；用羊心所做的菜名为“鼎炉盖”，这个名字与其加工方法及造型有关，加工羊心须切去底部的白色部位，之后，其开头看上去如同一个覆鼎之盖，故名之；用羊下巴两边的肉做成的菜叫“饮涧台”；用羊耳根下明堂骨的两块小肉做成的菜叫“开秦仓”……这些名字来自原材料，又不拘泥于原材料，鲜活生动、用词文雅、富有画面感。

而今，鸿宾楼的“全羊席”传承了这一“菜名文化”，比如，“红叶含霜”是炸羊肝薄片，其色泽微红，配以少许白色盐花，如同含霜的红叶一般；“汆千里风”是将羊耳朵中间的一段切成极细的丝，用鸡汤汆制而成。

“全羊席”的这一取菜名的方式与伊斯兰教

规和穆斯林生活习俗有关，源于使物得美名的饮食文化传统。独特的“菜名文化”也使得“全羊席”的文化内涵更为丰富。

第六讲

医药类“老字号”

2006 年，商务部确定了首批“中华老字号”，北京的 67 家“老字号”中医药类的有两家，分别是“白塔寺药店”和“同仁堂”。

“白塔寺药店”与“同仁堂”不同的是，在 20 世纪 50 年代公私合营之前，曾几次易主，有着颇为戏剧性的分分合合的经历。

“白塔寺药店”的历史最早可以追溯到开办于明朝万历年间的“千芝堂”，其创办者如今已经无从考证，但是其创办“千芝堂”的初衷却借由一本药目保存和流传了下来，“千芝堂”的一本药目中有这样的记载：“闻昔羊（唐朝浙江人）入洞府，得一青云芝，云：可以长生。余既未有所得，窃顾世有千芝，天下共登仁寿，而余心始慰耳。”从中，可以得知“千芝堂”的创办者希望“世有千芝”,从而使天下人能够“共登仁寿”，“千芝堂”的字号名称也由此而来。清代关于“千芝堂”的记载，还可见于清乾隆十年（1745年）出版的《老店经营目录》，其中提到“千芝堂”经营的成药包括15个门类、624种，此外，还有饮片加工、炮制及批发业务。

“千芝堂”发展到19世纪中后期时已经逐渐难以为继，直至清光绪七年（1881年），被曾任宫廷太医的药材批发商吴霭廷以2000两白银收购。吴霭廷随后聘请既懂制药又精通经营的王子丰任“千芝堂”掌柜，生意开始步入正轨，并逐渐红火起来。之后，王子丰凭借过人的胆识和敏锐的判断力为“千芝堂”所做的一个重要决定，帮助“千芝堂”完成了直接影响到后来发展的财富积累。清光绪二十六年（1900年），八国联军入侵，不少有钱人家离京避难，不知道何时才能回来，一般会将家中暂时不用的东西拿去折现。“千芝堂”在这一背景下，逆势而上，低价购进了大量人参、鹿茸等贵重药材。

1902 年 1 月，慈禧一行自西安返回北京，北京人渐渐恢复往常的生活，商品价格也逐渐稳定，“千芝堂”储存的大量贵重药材为其赚取了非常可观的利润，也因此拥有了较为雄厚的经营资本，为日后与同仁堂、鹤年堂、庆仁堂并称为“北京中药四大家”奠定了基础。

如果在这次成功的“抄底”后，王子丰继续在“千芝堂”掌柜的位置上发挥着他的才能，不知道后来的“白塔寺药店”的历史会不会改写？不过，历史已然，不能够假设。王子丰与吴霭廷，这对职业经理人与东家之间发生了摩擦，并出现了难以调和的矛盾，致使王子丰负气离开“千芝堂”。吴、王两人不仅从此形同陌路，而且成为了商业竞争中的“死对头”。

吴霭廷在王子丰离开后，聘请了吴受臣来接任掌柜一职，由于吴受臣也非常精通经营之道，换“相”风波并没有对“千芝堂”的生意产生太大的影响，在 1915 年和 1917 年又相继开办了两家药铺，分别为位于珠市口南的南山堂药铺、位于阜成门大街白塔寺的琪卉堂药铺。

王子丰在随后的十年间也在京城建起了自己的庆仁堂连锁药店，并与同仁堂、鹤年堂、千芝堂并称“北京中药四大家”。其先是在崇文门外开办庆仁堂参茸庄，1918年在珠市口开办南庆仁堂药店，之后，又相继在虎坊桥开办西庆仁堂、在东四开办北庆仁堂、在阜成门白塔寺开办大和堂、在前门大街开办庆颐堂等。

后来，“千芝堂”吴霭廷开办的“琪卉堂”和“庆仁堂”王子丰开设的“大和堂”之间发生了戏剧性的关系变化：先是由竞争对手变成了兄弟店铺，然后又合二为一。1942年，“琪卉堂”和“大和堂”先后被资本家谢康夫收购，并在营业执照上分别加上了“新记”，即“北京琪卉堂新记”和“北京大和堂新记”。“新记”琪卉堂、大和堂药铺以选料地道、调剂讲究、饮片精纯、药品齐全、服务优良闻名。1953年，“北京琪卉堂新记”和“北京大和堂新记”药铺归为国有，改名为“中国医药公司北京市公司第二门市部”，两年后转归北京市药材公司管理，又改称“北京市药材公司第二门市部”，简称为“国营二门”，这一称呼一直持续到 20 世纪 70 年代末。

1980 年，在老药店原址上翻盖的新楼建成，重新开业，正式使用“白塔寺药店”这一名称。“白塔寺药店”位于阜成门内妙应寺旁，寺中有白塔，因而得名。“白塔寺药店”延续了从“千芝堂”到“琪卉堂”和“大和堂”时期的经营定位，保持着主营饮片的特色。

至于“同仁堂”的历史，则是又一段传奇。清朝初年，铃医家庭出身的乐显扬当上了清太医院吏目，并于清康熙八年（1669 年）创办同仁堂药室。

乐家原居宁波，是乐显扬的曾祖父乐良才在明朝永乐朱棣迁都之际（1421 年前后）来到北京，以走街串巷、行医卖药为生，乐良才之子、乐显扬的祖父乐廷松继续从事“铃医”这一职业，同时也敏锐地看到北京人口聚集所带来的对于医药需求的增加，为了提升自己的中医理论和知识视野，开始研习中医经典理论和方药著作，从家学方面为后来乐显扬进入清太医院工作以及“同仁堂”的创办奠定了基础。

中医药家学的熏陶，使得乐显扬形成了对医药行业的精到认识，他认为“可以养生、可以济世者，惟医药为最”，并对子孙后世提出“同仁二字可以命堂名，吾喜其公而雅，需志之”，由此可见，在自家创办药室的乐显扬不仅在“堂名”，而且在经营理念上为“同仁堂”的发展确立了基调：要志存高远，认识到行医卖药不仅仅是一个谋生的行当，而是养生济世、服务社会的高尚事业。对医药行业理解的精深、对自家字号定位的高远，帮助乐家后代共同书写了一部医药“老字号”的文化“简史”。

在“同仁堂”的发展中，有三个亮点特别值得关注：一是药目，二是广告，三是打假。从这三点中可以看出“同仁堂”对顾客关系的用心维护。《同仁堂药目》公开发放，既便于顾客了解与购买药品，又便于顾客监督；通过多种社会服务形式，提升“同仁堂”的知名度，建立品牌的美誉度；对于假冒“同仁堂”兜售假药、欺骗患者的行径诉诸公堂，是对品牌的维护，更是对患者利益的保护。

一　“同仁堂”首创的“药目”文化

乐显扬在清太医院任出纳文书的吏目时，收集了大量的宫廷秘方、古方、民间验方。其子乐凤鸣于康熙四十一年（1702年）将药铺迁至前门大栅栏路南，并且，在宫廷秘方、民间验方及祖传配方的基础上，总结前人的制药经验，于康熙四十五年（1706年）编纂了《乐氏世代祖传丸散膏丹下料配方》，汇集了乐家祖传秘方、太医良方、宫廷秘方等共362种，并对这些方剂的制药、用药标准进行了严格的规范。

中药字号有着印制“药目”的行业传统，也有研究者将中药老字号的“药目”作为探讨中成药发展史、流通史及老药铺（商家、家族）兴衰史的重要途径。刊行于康熙四十五年（1706年）的《同仁堂药目》是现存最早的“药目”，将所制药品按种类列出，注明每种药所含成分、适应症状、功效、服药数量及禁忌，并标明价格，在顾客购药时免费赠送一本。这种做法是“同仁堂”的一大创造，后来者多有效仿。

“同仁堂”印制药目的做法，与医药行业的特殊性有关，药品专业性强，一般患者较难熟知每种药品的配方、特性、服用的要求等，从这一角度讲，“药目”就好比是今天的药品说明书，便于患者了解、购买与使用药品，属于我们今天所说的“医疗行业语言服务”的范畴；从行业的角度来讲，刊行“药目”的做法对于一些重要配方起到了有效的保存作用；从商家的角度来讲，在“药目”中介绍自己的“字号”由来及经营理念、制药规范，又起到了品牌营销的作用。

杜尚福在《“药目”中的同仁堂及京都乐家史》一文中通过对历史上不同时期刊印的《同仁堂药目》的比较研究，认为“同仁堂”药目的刊行是持续的，并且，药目的内容是在不断增加的，在早期刊行的药目版本中，药品名录为14门296种；光绪二十八年的版本中，已经增至16门490种；宣统二年时的数量略有变化，为15门483种；

民国十二年时，又增至16门513种。

在《同仁堂药目》的序言部分，乐凤鸣提出了“遵肘后，辨地产，炮制虽繁必不敢省人工，品味虽贵必不敢减物力”的训条，这既是对历代同仁堂人制药行为的严格规范，也是对顾客的公开承诺。清雍正元年（1723年），“同仁堂”被钦定为供奉清宫御药房用药，独办官药，历经八代皇帝，一直到1911年辛亥革命爆发，长达188年。

在制药上的严格规范、精益求精，是“同仁堂”被钦定为御药房用药的前提；在188年中供奉御药房，为清宫提供用药服务，也促使其不敢有一丝懈怠、一毫差池，对药品质量进行全流程的严格把控，如对药材产地、采集时间有近乎苛刻的要求，强调坚决不使用“产非其地，采非其时”的药材，例如，白芍必须使用杭州产的杭白芍，黄连要专用四川产的川黄连，人参则须用吉林参，怀地黄、怀菊花、怀牛膝、怀山药产自古怀庆府（今河南焦作）。而且，即便是这些地方所产的药材，也须优中选优，必求上等优质，同时，对药材的采撷时间也有着明确的要求。在严把药材关的基础上，还要有五大类 20 个制药前的处理工序，如人工挑拣、去毛去刺等，再以独特的配方、精湛的工艺制成散、膏、丹等中成药，其中的牛黄清心丸、大活络丹、乌鸡白凤丸、安宫牛黄丸从古至今享有盛誉。因而也就有了“都门药铺数同仁，丸散人人道逼真，纵有岐黄难别味，笑他若个述通神”“国药属京药，京药属同仁”等赞誉“同仁堂”的竹枝词、顺口溜。

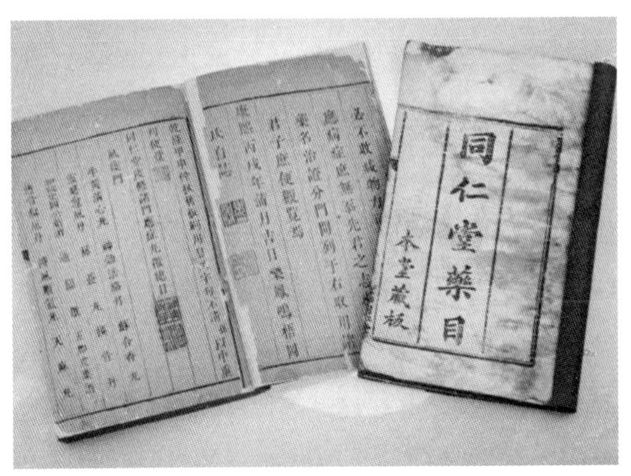

《同仁堂药目》（图片来自胡美玉：《北京同仁堂博物馆》）

二 “同仁堂”的“广告”文化

从事档案工作的范红回忆其小时候住在北京的胡同里，每年雨季来临前，工人们都要定期清掏下水道里的污泥，其通过胡同中的老人们了解到，“掏沟清淤”在清代时已有一年一次的惯例。“每到掏沟的时候，左一堆儿、右一堆儿黑色的污泥堆在路边，不仅臭气熏天，还给行人带来不便，尤其夜里出行更是不方便。”那时候，没有现在这样的路灯，天黑后的照明就成了一个问题。后来，胡同里的居民发现每年掏沟时，都会出现写有“同仁堂”三个字的红纱灯为行人们照亮，可以想象，这盏红色的灯发出的暖暖的光，留在了多少人的心里。或许对于“同仁堂”，这只是遵照“同修仁德，济世养生”的宗旨的一个力所能及的善举，但是却为其赢得了良好的口碑；或许这是“同仁堂”

精明地把握机会,所采取的一种“潜移默化”“润物无声”的品牌营销，但无疑这也是一种能够打动人、为人们所认可的成功的营销。

除了胡同居民的回忆之外，“同仁堂”的陆建国先生也在所著文章中有相关论述，他提到每年京城都会在主干道挖沟，清除下水道污物，此时，同仁堂为方便人们夜间出行会主动设立“沟灯”，上书“同仁堂”三个字，这种大红灯笼一直挂到了前门，给当时的人们留下了很深印象。由此可看成,“同仁堂”所提供的“沟灯”数量应该不少，而且，范围包括了胡同里和主干道上，从中受益者或者此品牌传播行为影响到的人不在少数。

除了设置“沟灯”这样的便民举措，“同仁堂”还组织公共文化活动，丰富当时人们的精神文化生活。比如，在每年阴历四月二十八“药王生日”的时候,“同仁堂”会请知名演员唱大戏，戏台帷幕上贴挂着“同仁堂”字号，当时人们的文化娱乐活动不似今天这样丰富多样，看大戏是难得的热闹机会，特别是对于寻常人家来说，因此，可以想见，当时的戏台下是怎样人头攒动的场面。看戏的同时，也看到了幕布上“同仁堂”的字号、念了“同仁堂”的好。

如果说提供便民措施、公共文化服务，是属于间接品牌营销的话，“同仁堂”还有一种直接营销的方式，抓住时机、影响有影响力的人。

北京作为京城和顺天府所在地，在每年会试、乡试时，会有数量众多的考生聚集于此，这些考生在京期间多住于各省会馆。“同仁堂”提前准备好“平安药”，到会馆免费赠与考生，有预防伤风感冒的、祛水土不服的以及助消化的，这些药既贴心，而且名为“平安”，也有好的意头，受到考生们的欢迎。除了免费赠送药品进行品牌知名度和美誉度营销，“同仁堂”也没有放弃这个面向全国进行产品营销的机会，毕竟当时没有像今天这样的媒体营销平台和销售网络，酒香也怕巷子深，好产品也需说与众人知，来自全国各地的考生们既是可以传扬“同仁堂”美名的口碑传播者，也可以把“同仁堂”的名贵药品带回家乡，让更多的人亲身体验，这样的产品营销更有说服力。因此，“同仁堂”派人去各省会馆免费赠药的时候，也会带去“同仁堂”的特色产品以及一些名贵药品供考生们选购。也确如“同仁堂”所期望的，这一做法使“同仁堂”为更多的京外患者所知晓，也带来了“求药者倍增”的营销回报。

除了对品牌和产品的营销，“同仁堂”对一些空间细节的处理，作为一种非语言符号也在无声地打动着顾客，传递着“同仁堂”的待客之道。例如，1702 年，乐凤鸣将同仁堂药室迁至前门大栅栏，正式开办前店后厂的同仁堂药店时，其在店门的设计上可谓匠心独具，即大门采用少有的“下洼”式处理方式，使店门的地势比街道的路面还要低一些，那么，这样有什么讲究呢？顾客从外面进入药店时，自高往低下台阶，相对省力，特别是对于一些自己来看病、买药的患者，这一点就很重要、很贴心。出门时，从低往高上台阶，既符合此时患者的心情——找到了病因，买好了药，对治病有了信心，心情也随之轻松起来，即使要抬腿上台阶，也感觉不到有什么费力，正迎合了顾客（患者）此时的心理。上台阶还有好的兆头，预示着步步高升、越来越好。人们常说，好产品自己会说话，贴心的空间设计同样也是会说话的，当年乐凤鸣始在前门大栅栏开办“同仁堂”药店时的这一“下洼门”设计，于细微处可见一家“百年老店”的待客之道、经营理念和品牌文化。

三 “同仁堂”的“打假”文化

《同仁堂药目》光绪十五年己丑（1889 年）刻本的序言部分记载了发生在咸丰二年（1852 年）和同治八年（1869 年）的两起官司，黄鑫、黄涛在其《〈同仁堂药目〉和清末药肆的官司》一文中对这两起官司进行了描述：

咸丰二年（1852），不法之徒于大、于二偷刻同仁堂门票，制作假药，勾结商贩，谎称其药是从同仁堂盗出，减价售卖，从中牟取暴利。

受害百姓不计其数，给同仁堂造成了恶劣影响。为维护自身合法权益，同仁堂将这个犯罪团伙告之官府。经官方查访，搜出同仁堂字号图记等赃物，经当堂验证，于咸丰二年三月初六日宣判：“查该犯等冒充字号，售卖假药……且屡经犯案……将于大等枷号示众满日责惩”。为杜绝类似事件有再次发生，警告“渔利小人”，以巡视中城察院袁端的名义出示榜文：“如再有知法故犯，仍蹈前辙，经该铺访知或别处发觉，该铺扭禀送院。本院定将该犯加重治罪，决不宽恕。”从这起事件可以看出，当时的社会对于今人所说的商标、专利等已有了一定的认识。同仁堂已经确立了自己的品牌，只有同仁堂才能生产、出售自家商标的药品，为了与同类商品区别开来，还制作了自家的“门票”。风波过后，同仁堂特地在门前张贴布告，除了讲清原委之外，再三强调“赐雇者务请亲到本堂当面交易，或托亲友代买，亦须枉驾到铺，庶不受此辈诓骗”。

同治八年（1869），有人在杨梅竹斜街开设“同人堂”药铺，和“同仁堂”音韵相同，有冒名影射字号之嫌，另有人私刻同仁堂门票，售卖假药。同仁堂铺东乐孟繁、商人张志云将此事禀报御药房，再由御药房上告都察院，于同治八年三月初三日颁布批文："御药院行文都察院转行五城察院衙门一体出示严禁"，文中称"显系冒名影射，以假混真……似此影射冒充字号，应严行禁止"，此外，"若假药骗人，大有误损疾病之害……应严行禁止。"文中还特别提到，此后，"伪药假冒，假冒该商号票以及有意混乱该商字号"的行为应被"立即严拿……决不姑宽"。都察院还颁布命令："示仰司坊即派于役并甲捕人等随时访查"，主动采取措施以避免类似事件的再次发生。同仁堂亦张贴告示，强调"本堂自康熙壬午岁开设京都正阳门外大栅栏路南，多历年所，并无分店在外"，并指出："近有开设同人堂药铺者与本堂字号音韵相同，希图售卖假药，当经禀请。"

这两起官司都是"同仁堂"主动告官所进行的打假行为，在当时，一来信息传播不如今天这样极大地打破了时间和空间的限制，人们的生活与活动范围也相对较小，所以，如果被假冒的字号名气不是特别的大，那么，假冒者和被假冒者很可能在城市的两个区域里“相安无事”，但是，当被假冒者是“同仁堂”,这家被称为“大清药王”的字号时，就是另外一回事了，因其知名度非常高，又是一家品牌美誉度很好的字号，有着众多的忠诚顾客，可以说，北京城里布满了它的义务“打假员”，所以，造假者很难在某一个角落里不当获利还不为“同仁堂”所知。

在得知有人假冒后，“同仁堂”可以选择置之不理，毕竟中国人有着不到不得已不去打官司的习惯，而且，在当时也是“民不告，官不究”。但是，“同仁堂”不仅坚决地进行了公开维权，而且这种“打假”行为还持续了很多年，这既与其对自身品牌的保护意识有关，也与其所经营的是药品这一具有特殊性的产品密切相关，若听凭“售卖假药”之行泛滥，则必“误人病症，性命攸关”，这与“同仁堂”“同修仁德，济世养生”的宗旨是相违背的，因此，尽管在当时类似的“维权”案例并不多见，但“同仁堂”有着开风气之先的必然性。

牟虹的《同仁堂的几件珍贵文献档案》一文中展示了一份印有“同治八年三月初三日”落款的布告，该布告为纸质印刷品，左右长 36.5 厘米、上下高 26 厘米。前半部分写同仁堂作该布告的缘由，后半部分为钦命巡视中城察院告示。

这一保存至今的清代布告，成为历史的见证，它让我们看到了将“货真价实”作为立店之本的“同仁堂”对造假的“零容忍”。

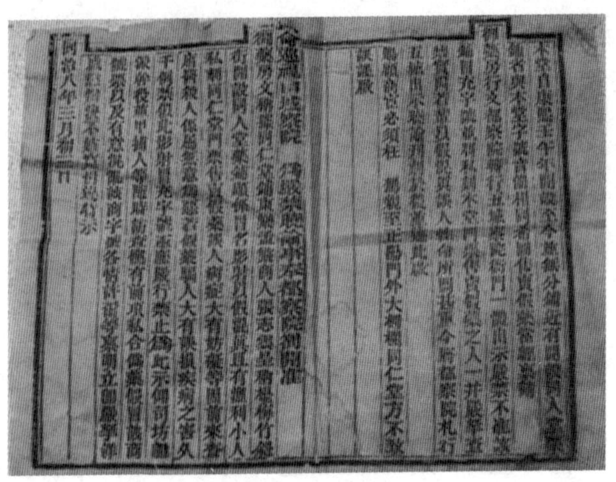

“同仁堂”的打假布告（图片来自牟虹：《同仁堂的几件珍贵文献档案》，《中国文物报》，2011 年 7 月 6 日 5 版）

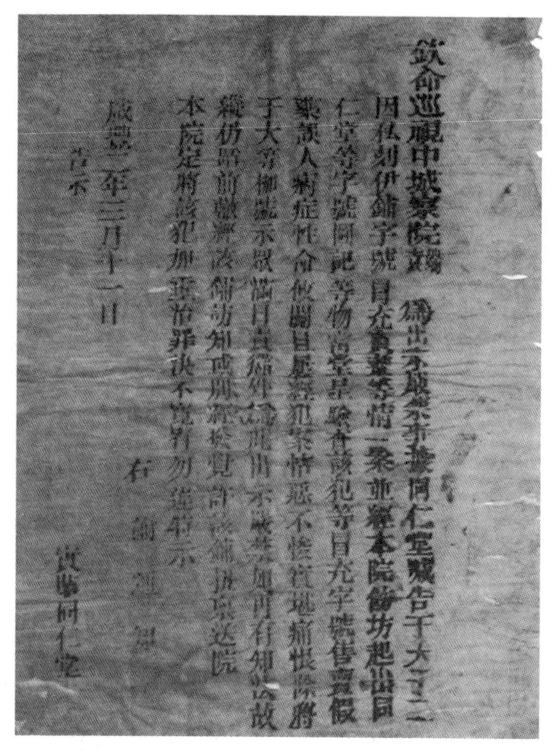

欽命巡視中城察院鍾 為出示嚴禁事據同仁堂呈告于大二
因私刻伊舖字號冒充賣藥等情一案並經本院飭坊起出同
仁堂等字號同記等物當堂查驗有該犯等冒充字號售賣假
藥誆人病症性命攸關且屢經犯案情惡不悛實堪痛恨除將
于大等枷號示眾滿日責[illegible]外為此出示嚴禁如再有知法故
犯仍前膽敢[illegible]舖[illegible]知[illegible]則[illegible]許[illegible]扭[illegible]送院
本院定將該犯加重治罪決不寬宥切切特示
右諭通知
咸豐二年三月十一日
告示
實貼同仁堂

同仁堂博物馆保存的“同仁堂”在咸丰二年的一张打假告示（图片来自胡美玉：《北京同仁堂博物馆》）

四　“同仁堂中医药文化”的传播

2006年，“同仁堂中医药文化”被列入国家首批非物质文化遗产名录；2014年，文化部授予北京同仁堂（集团）有限责任公司同仁堂中医药文化（传统中药材炮制技艺）“国家级非物质文化遗产生产性保护示范基地”，同年，国务院、文化部授予中医传统制剂方法（安宫牛黄丸制作工艺）“国家级非物质文化遗产代表性项目”。

在被列入国家首批非物质文化遗产名录后，为了更好地保存和传播传统中医文化，北京同仁堂（集团）有限责任公司投资2000多万元，在崇文区东兴隆街的一座四合院中建设了“同仁堂博物馆”，于2007年3月正式开馆，展出的中医药文物超过一千件，除了展现“同仁堂”的历史与文化之外，还通过一些实物和典籍，讲述了我国中医药文化的发展史，参观者在这里可以看到上至新石器时代、下至民国的中医药文物，有新石器时代的“砭石”等古代治病的用具，也有汉唐时期的漏斗、煎煮器等制药的工具。在“同仁堂”的创立与发展以及“同仁堂”字号文化的形成部分，可以看到曾三次系统制定和修订并多次重刊的《同仁堂药目》、属于“镇馆之宝”的“乐氏针灸铜人”，以及对“同仁堂”炮制工艺和制药技术、品牌文化内涵和传承发展等内容的介绍。

2010年3月18日，北京同仁堂集团与国务院发展研究中心签订“北京同仁堂文化战略”研究合约，旨在从“同仁堂”文化的形成与现状、“同仁堂”品牌价值与管理、“同仁堂”文化战略定位及举措、“同仁堂”职工队伍文化建设等几方面进行系统总结、整理、提升，形成具有长期指导意义的文化战略体系，促进同仁堂和传统中医药文化发展。

2010年6月，为了进一步拓展“同仁堂”的海外传播，提升“同仁堂”品牌的国际影响力，并且借由中医药文化的对外传播，使更多的外国人了解中华文化，“同仁堂”与国家汉办签署了战略合作意向书，以孔子学院为平台，加大海外中医药文化传播力度。实际上，自2008年开始，“同仁堂”就以“联合办学”的方式开始了与孔子学院的合作。在明确了战略合作关系后，“同仁堂”的中医药文化专家不仅在孔子学院巡讲，还为孔子学院地区联席会议和全球孔子学院大会及院长培训班举办中医药普及知识讲座。

2012年12月，北京同仁堂波兰有限公司在波兰首都华沙成立，既传播中医药养生理念与方法，也开办汉语班、组织中国名茶体验等活动。并希望通过在波兰的文化营销积累经验，进而将这一方式推广到欧洲其他国家。

2015年8月，北京同仁堂在荷兰海牙商业中心区域开设了“北京同仁堂普度健康中心”，在开业仪式上，海牙副市长卡斯腾·克莱因期待“同仁堂”能以中医药为载体和桥梁，为荷兰及欧洲民众提供更多的养生保健知识，为双边友谊发展起到积极的促进作用。

至此，“同仁堂”从1993年在香港开设第一家零售药店开始，已经将“同仁堂”的业务伸展到境外25个国家和地区，伴随着在这些国家和地区的115家分店、一家大型养生保健中心、一家生产研发基地的建设，其经营战略及文化传播的目标也从“有华人的地方就有同仁堂”开始拓展为让越来越多的外国人认识和了解“同仁堂”，将“同仁堂”的中医药养生理念以及其中所蕴含的中华文化传播到世界各地。

第七讲

服饰鞋帽类“老字号”

北京服饰鞋帽“老字号”入选2006年商务部确定的首批“中华老字号”的有七家，分别为“同升和”（鞋店）、“盛锡福”（帽业）、“内联升”（鞋业）、“步瀛斋”（鞋帽）、“瑞蚨祥”（绸布）这五家鞋帽、绸布店和“大明”“精益”这两家眼镜店。

说起北京的服饰鞋帽“老字号”，不得不再提起那句流传甚广的顺口溜——“头戴马聚源，脚踩内联升，身穿八大祥，腰缠四大恒”，除了“四大恒”，其余三样都说的是服饰鞋帽“老字号”。其中，脚踩的“内联升”、身穿的“八大祥”（之首“瑞蚨祥”）都名列2006年商务部的首批“中华老字号”名录；头戴的“马聚源”后来与“步瀛斋”合营，“步瀛斋”也是2006年商务部确定的首批“中华老字号”；“马聚源”

作为独立的注册商标随后在第二批入选“中华老字号”名录。

清末民初，“头戴马聚源，脚踩内联升，身穿八大祥，腰缠四大恒”在京城广为流传必然有其合理性，在当时，把这一身都置备齐全了，那一定得是权势与财富兼具的显赫人物，因为“马聚源”除了制作富人们戴的高级帽子，还专为清政府生产“缨帽”，也就是“官帽”；“内联升”在清朝是专门制作“朝靴”的，而这“官帽”和“朝靴”不是有钱就能买来穿戴的，也因此“马聚源”的帽子和“内联升”的靴子在京城民众的口头传播中便具有象征意义。如果说“头戴马聚源”“脚踩内联升”“身穿八大祥”反映了当时京城民众对权贵阶层身份与地位的向往，那么，“腰缠四大恒”则多了一些想象或者夸张的成分。

一　“官帽”与“朝靴”：作为清政府“定点企业”的“马聚源”与“内联升”

“马聚源”的创始人马聚源和“内联升”的

创始人赵廷都是学徒出身，在刚入行的时候并没有“自带光环”，后来之所以能够赢得官府的青睐，成为“官帽”“朝靴”的定点供货商，根本原因还在于其对于产品质量的一丝不苟、精益求精，在此基础上，才是天时、地利、人和等因素。

“马聚源”始建于清嘉庆二十二年（1817年），其创办人马聚源在清嘉庆十二年从直隶来到京城，先是在崇文门外一家小成衣铺做学徒，之后，又一边自己制作帽子去一些客店销售、一边帮帽店做加工，用几年时间完成原始积累后，终于在鲜鱼口路南开起了一家以自己名字命名的帽店——“马聚源帽店”。

能够获得为清政府制作缨帽的机会源于一次偶然——一位张姓官员在“马聚源”买了一顶帽子，发现帽子材料上乘、工艺细致，顿生好感，或许是不忍让认真做事情的人、诚信做生意的店被埋没，这位张姓官员举荐“马聚源”承接下为清政府做缨帽的生意，这对于白手起家的马聚源来说，无疑是有了稳定的收益和将品牌做大的保障。此后，“马聚源”将产品定位于政府所需的“官帽”和富裕阶层的高级帽子，“字号”也随之成为专为权贵服务的高端品牌。到清朝末年时，“马聚源”已经成为京城帽业第一品牌，对于不少顾客来说，“头戴马聚源”的感觉就如同今天拥有一件奢侈品一样。

“马聚源”的帽子能够获得清政府和达官显贵的青睐，全靠“工坚料实”。在工艺方面，“马聚源”有一个颇具可识别性的“独门绝技”——“马三针”，指的是制帽师傅仅用三针就可以缝出牢固的“帽结”（俗称“帽疙瘩”），而且针脚“有型有款”，成为熟客们辨别“马聚源”的一个标志。“马聚源”手工制帽技艺传人盛秉伦老先生 2008 年在接受《华夏时报》记者采访时已经 80 岁了，他对当年学习“马三针”所花的功夫记忆犹新，因为钉帽结必须要用青六珠和红六珠这两种丝线，学徒要先从学搓线开始，只有搓出上百条丝线，才能开始学习钉帽结的手艺。帽结钉上后必须见棱见角，如果随手一捏就变成了圆的，肯定是出不了师的，要达到“马三针”的要求，一般要花半年的时间，当功夫到了的时候，对自己的手艺有了信心，钉帽结时手心才不会因为心慌而出汗，因为手心出汗对帽结形状的保持会大有影响，所以，钉帽结时手心出不出汗，也就成为能不能出师的一个重要评价指标。

帽结虽小但讲究却很多，其中蕴含了中国人对颜色的偏好。“马聚源”的帽结不仅钉法结实有型，在帽结颜色使用及丝线色彩搭配上也十分讲究，细致贴心地迎合了人们的消费心理。根据盛秉伦老先生的回忆，“当时的帽结分为红色、黑色、蓝色、珊瑚几种，红色一般只有老人和小孩用，中青年人用得极少，因为红色属于上色，小孩戴有家中珍宝之意，七八十岁的老人如果老伴还在世，也会用红帽结，有炫耀之意。所谓老要张狂少要稳，中青年人戴红帽结就显得太狂傲了，一般都会选择黑色，但用红线钉。蓝色帽结是不可轻易戴的，这个现在很多人都不了解，蓝色帽子只有寿帽才会使用，是给作古的人戴的。”

在工艺上，如果说帽结的钉制需要的是“巧”

劲，那么，帽胎的制作就是对功力和心理的综合考验，“先将胎坯放在木模上，刷上浆，再用烧得通红的烙铁熨烫。熨烫时，帽子会冒出火来，看起来像是被烧着了，实际上，帽胎却不会受损，只是将帽胎熨烫成黄色鼓挺。这样的帽胎用手按下去，会自动鼓起来，放到水里泡上一整天，也绝对不会变形”。

“马聚源”为人所称道的是选最好的材料，即便路途遥远、量少价高，也不退而求其次。其制作缨帽所用的缨子，是用产自西藏的牦牛尾为原料，并用藏红花染色而成。用牦牛尾做缨子，好处在于缨子始终匀顺、不会打结；用藏红花染色，帽子不管戴多久，缨子的颜色都会鲜艳如初、不会褪色。虽然这两种原料产地遥远，购买不易，增加了制帽的成本，但对原材料质量的坚守和对选材的极致追求，也成就了“马聚源”的美名。不仅为官府制作缨帽是精益求精，“马聚源”在其他产品的选材上也是如此，如缎制小帽，就必须专门从南京正源兴绸缎庄进货，当时，缎子分为元、顶、玉、铭、洪五等，马聚源用的是最为上等的元素缎，这种缎子的优点是亲肤性好，元素缎制作的帽子，透气，不会因为出油、出汗而变色。

所谓的“一分价钱一分货”，“老字号”对选材和工艺的孜孜以求、精益求精，已经渗入血液，成为一种自觉、一种根深蒂固的文化，也是其之所以能够成为“百年老店”的根本所在。

“内联升”始建于清咸丰三年（1853 年）。其创始人赵廷 14 岁时从天津武清来到京城，在东西牌楼的一家鞋铺做学徒，在这个过程中，结识了其人生中的“贵人”——一位姓丁的将军。或许因为赵廷做鞋手艺好，为人又机灵，总之，颇为丁将军所器重，愿意投资与赵廷合开制鞋铺，两人分别出资一万两和两千两白银，在北京东江米巷（今东交民巷）开了这家名为“内联升”的鞋铺。“内联升”这一“字号”名称的用意我们在第三讲曾有解释，直通大内、连升三级，此名深谙当时人们，特别是一些官员的心理，也显示了赵廷善于把握与迎合消费者心理的精明之处。不仅命名，在锁定目标顾客群体以及产品定位、客户信息管理等方面，“内联升”通过一系列或审时度势、或具有创造性的做法，成功奠定了在皇亲国戚、达官显贵群体中的品牌认知度，据说洋务大臣李鸿章、两广总督刘长佑、恭亲王奕䜣等都是“内联升”的主顾，溥仪登基时穿的龙靴也是由“内联升”制作的。

与“马聚源”经人举荐获得制作缨帽的生意有所不同，“内联升”的创办人赵廷从一开始就打定主意将权贵阶层作为目标顾客群体，一来他发现京城尚无专门生产朝靴的店铺，官员们买鞋也没有定点的店铺，所以这是一个市场空白；二来他通过丁将军得以了解到一些官员对现有朝靴质量的抱怨，相当于进一步把握了市场需求。于是，“内联升”开始专门制作朝靴，虽然一双朝靴售价高达50两白银，相当于中等人家两年的生活费，但是因其做工精细、穿着舒适，外观气派、落脚无声，颇受追捧，不仅当时京城的文武百官皆穿“内联升”，外地来京的官员送礼或自用也会到“内联升”选购朝靴。

随着稳定的顾客群的逐渐形成，人们发现“内联升”有一个非常具有创造力的做法——“履中备载”，即将每位制作朝靴者的姓名、年龄、身高、体重、靴码、式样及对靴子的特殊要求等信息详细记录在册，下次这位顾客再需定制靴子时，只需告知姓名即可，既方便了顾客，也提高了店铺的工作效率。“内联升”的“履中备载”被认为是中国商业史上最早的“客户关系管理档案”，是今天的“客户数据管理”肇始，并因其所具有的开创性而被国内 MBA 教学作为经典案例。

“马聚源”和“内联升”在全盛时期的发展除了自身的品质过硬外，“天时”“地利”“人和”等因素也至关重要。辛亥革命之后，“缨帽”和“朝靴”存在的“天时”因素发生了改变，这也意味着“字号”要生存和发展，必须重新进行产品定位。

1912 年，“内联升”推出了转型产品——千层底布鞋，这也标志着清朝时的高端品牌“内联升”在民国时期开始将顾客群体拓展至普通消费者。比如，“内联升”也开始制作轿夫和车夫们爱穿的洒鞋，洒鞋即靸鞋，这种布鞋的鞋帮纳得很密，前脸较深，上面缝着皮梁或三角形的皮子，适合长距离行走。在1949年之后，“内联升”又开始制作普通女鞋和童鞋。

但是，虽然产品定位在随着时代而变化，“内联升”做布鞋的工艺却始终未变。“千层底”布鞋是“内联升”的传统产品，用料上，从底到面都选用纯棉、麻、毛礼服呢等天然材料，纳制“千层底”要选用全新的纯棉白布，并选用全新的棉絮填充，这样穿上去既舒服又保暖；工艺上，采用传统的手工制作技艺，一双“千层底”布鞋需要经过切底、包签、圈边、纳底、锤底、拉粘、缉口、绱鞋等90余道工序，用到将近40种工具，其中，鞋底要求“每平方寸纳81—100针”，针脚要密实匀称，不管横看、竖看、斜看，都要是一条直线，一双普通的平针“千层底”要纳2100针，而十字针的“千层底”需要纳4200针，而且因为必须使用麻绳来纳，麻绳粗、针眼细，增加了纳制的难度，按照这样的要求，手工缝制一双“千层底”布鞋需要四五天的工夫，其中单是纳鞋底就需要三天时间。鞋底纳好后，要放入热水中浸泡，用棉被包严热闷后再锤干、整形、晒干，以使鞋底柔软、舒适，并且吸汗、不变形。

慢工出细活，这一丝不苟的手工制鞋技艺也为“内联升”赢得了好口碑，老北京人有一句形容“内联升”的布鞋的话——“穿坏了两双帮，也穿不坏一双底”，可见其鞋底的结实程度。2008 年，“内联升千层底布鞋制作技艺”入选国家级非物质文化遗产名录。2011 年，成为第一批国家级非物质文化遗产生产性保护示范基地。

二 “盛锡福”与“内联升”：帽文化与鞋文化的传播

“盛锡福”的帽与“内联升”的鞋是北京服饰鞋帽老字号中的“双子星”，2008 年，“盛锡福”的“皮帽制作技艺”、“内联升”的“千层底布鞋制作技艺”双双入选国家级非物质文化遗产名录，两家老字号业有专攻，并专而精，且由术而道，分别致力于对帽文化与鞋文化的传承与传播。

相比“内联升”的手工制鞋，“盛锡福”的帽子更令人称道的是能够开风气之先，引进国外的制帽设备与技术，并且在帽子款式上富于创新，以多样化的品种赢得了人们的喜爱，在20世纪二三十年代，成为享誉国内的知名品牌，改变了国内帽业市场被进口帽子垄断的状况，还将代销处开至了美、澳、英、法、意、西班牙、葡萄牙、荷兰、捷克、瑞士、瑞典、挪威以及非洲等地，在1929年菲律宾举办的国际博览会上，盛锡福的草帽获得了一等奖。由此看来，“盛锡福”在所有老字号中，也属于较早开始“引进来”“走出去”的一家，而这一经营理念的形成与其创办人刘锡三早年间与外国人打交道、在洋行当练习生的经历有着直接的关系。

刘锡三是山东掖县人，年少时读过几年书，后辍学在家务农，因家乡受灾，离家到青岛一家外国人开的饭店打杂，其利用常与外国人打交道的机会学会了一些日常英语。有了一定的语言基础后，到美国人开办的“美清洋行”当练习生。这家洋行是从中国农村收购草帽辫，然后运到国外加工成草帽，再返回中国销售，从中获利不菲。对此，《盛锡福帽庄二十五周年册·小史》中有刘锡三的自述：“敝人自动专营草帽辫出口事业，见外侨采办我国廉价草帽辫制成轻巧草帽，舶来昂价售与华人。”刘锡三在洋行的几年里，对草帽制作的流程有了清楚的了解，包括草帽原料草帽辫的产地、品种及质量以及出口业务等，便有了自己开店的想法，在做了几年的准备、有了一定的积蓄后，1911 年，刘锡三与其表兄合资在天津估衣街开设了“盛聚福帽庄”，主要做草帽生意。1917 年，刘锡三从东洋银行获得了一笔贷款，在天津法租界开设新店，由原来的“盛聚福”更名为“盛锡福”，“盛”取兴盛、鼎盛之意，含有祈盼生意兴隆昌盛之意；“锡”是刘锡三的家族排名，同时，在古汉语中，“锡”与“赐”通假，与后面的“福”字连在一起，便有了“赐福”之意，有给人们带来幸福的良好祝愿；“福”不仅有幸福之意，还与刘锡三的小名“来福”

相合，可见刘锡三在字号命名上的用心与深意。

刘锡三为“字号”所取之名颇具中国传统特色，其同时也受欧美商业经营管理方式的影响，意识到“商标”对于字号发展的重要性，请人设计了“三帽”图案的商标，于1925年在北洋政府工商部注册，这在当时是开风气之先的举动。“三帽”商标的图案是在“盛锡福”三个字下面用草连成环形，中间三顶帽子，分别是一顶四平硬顶草帽、一顶呢子礼帽、一顶皮制三块瓦帽，三个帽子呈“品”字形，下面是“三帽商标”四个字，从上往下顺着一念，“锡三”正好连在一起，字号名称与商标印合刘锡三的名字。

“盛锡福”是以草帽起家的，在字号发展中却是以不断推出各种材质的新品种、新款式帽子而著称。“盛锡福”创办之时已经是民国初年，与“马聚源”“内联升”鼎盛时期所处的社会背景已经大不相同，人们的着装需求也发生了很大变化，在一个大变革、大动荡的年代，新鲜的东西不再是“洪水猛兽”，有一些英语基础和在洋行工作经历的刘锡三以其过人的商业智慧实现了对“盛锡福”的准确定位，就是不断求新、求变，借鉴和引进国外最新的制帽技术、款式，引领国内制帽业的时尚潮流。其制作的轻巧美观的巴拿马草帽和英、法、美式呢帽，成为当时的畅销货，20 世纪 30 年代初，“盛锡福”自创了用毛线、棉线与棕丝帽辫加工各式帽子，这种新式帽子一上市就大受欢迎，在当时颇为流行。

在北京的“老字号”中，相比于大多数“老字号”的手工制作和作坊式生产方式，“盛锡福”是较早采用机械化和工厂化生产的。1919 年,“盛锡福”用巨资买下了西方人运来的一整套电力制造草帽的机器，设立草帽工厂，之后，又相继设立了皮帽工厂、便帽工厂、缎帽工厂、毡帽工厂等。1934 年，刘锡三又花 20 万银元从德国礼和洋行购买了全套制作帽胎的机器，设立毡帽胎工厂，从而摆脱了对帽胎进口的依赖。除了进口机器设备外，刘锡三还始终保持对国际上最新的制帽技术和流行趋势的关注，其在美、澳、英、法、意、西班牙、葡萄牙、荷兰、捷克、瑞士、瑞典、挪威以及非洲等地设立的代销处不仅销售“盛锡福”的产品，还负责了解当地的先进技术、消费需求、特色文化等，从而使得“盛锡福”的产品能够融汇多元文化风格，形成了自身的品牌优势。

“盛锡福”1936年始在北京西单北大街建立分店，1937年和1938年又先后在前门大街、王府井和沙滩建立分店。后来，“盛锡福”将总店由天津迁至北京。我们后面要讲到的“盛锡福中国帽文化博物馆”就位于北京东四北大街上的一个四合院里。

“盛锡福中国帽文化博物馆”于2010年6月开馆，这是我国首个以“帽子”为主题的专业博物馆。走进这座四合院里的“帽文化博物馆”，在“盛锡福百年史”部分，可以看到这家颇具创新意识的制帽企业在时代大背景下的发展史和其在不同历史阶段生产的各式帽子。在“皮帽制作技艺工作室”中，可以了解到“盛锡福”皮帽制作对原材料选择和各道工序的严格要求，如：选料时，毛的倒向、长短粗细密度以及颜色软硬都要一致；裁制皮毛时，人字刀、月牙刀、梯子刀、斜刀、弧形刀、直刀、鱼鳞刀等种种刀法要灵活运用;缝制时，要求顶子圆、吃头均、缝头匀；等等。人们还可以通过现场观摩皮帽制作流程，看到一顶帽子是怎样经过五十多道工序实现从原料到成品的完美“变身”。

在“中华冠帽史”部分，展示了上自新石器时代，下至清朝末年不同历史时期的帽品，有秦朝的皇帝冕冠、唐代的幞头、明朝的凤冠等，可以从中了解到我国冠帽样式的流变以及与其相关的审美文化的发展等。在“民族冠帽文化”部分，参观者可以看到我国少数民族各具特色的帽饰，由帽子的图案、造型、风格、材质以及制作工艺等去了解其背后的独特文化、宗教信仰、生存环境、生活方式等。

“盛锡福中国帽文化博物馆”每周一至五从上午九点到下午四点向公众免费开放，与“盛锡福”同年进入国家级非物质文化遗产名录的“内联升”于 2009 年 9 月建成并正式开放了“内联升非物质文化遗产展厅”。

“内联升非物质文化遗产展厅”位于大栅栏街 34 号的“内联升”总店的第三层，除了展示

“内联升”的百年历程、千层底布鞋制作技艺和中华鞋文化简史之外，还辟出了“非遗”技艺展示区，每天都有技师现场演示布鞋制作技艺，每逢周日，非遗工作室还会有非遗传承人现场为顾客量脚做鞋。“内联升非物质文化遗产展厅”每天上午九点至下午五点免费开放，这也是北京首家常年免费对公众开放的“非遗”展厅。

在此之前，“内联升”从 1996 年就开始举办鞋文化展览，通过实物与图片，在介绍“内联升”字号发展历史的同时，还搜集、整理大量资料，对我国及世界制鞋业与鞋文化的发展过程进行了梳理和展示。

三 “步瀛斋”与“内联升”：“错位”发展的两家制鞋“老字号”

步瀛斋始创于清咸丰八年（1858 年），由一位李姓官员所建。“步瀛”有“举足而入瀛州（仙境），一步而遍瀛海（世界）”之意，既表达了创办者“生意兴隆通四海”的愿望，也含有对买鞋的顾客“平步青云,步入仙境”的美好祝愿。

“步瀛斋”的官网上是这样介绍的：步瀛斋前店后厂，以制作和销售布鞋为主，尤以千层底布鞋享誉京都内外。不仅用料上乘，且做工精细，每平方寸80-100针的鞋底由人工一针一针地纳成，针眼横平竖直，以确保“千层底”不走样、不变形。最初的服务对象为达官显贵，随着社会的变迁，目标顾客拓展至各个阶层。

联想到“内联升”的“千层底布鞋”和目标顾客群体的定位，我们会有一些好奇，两家主打“千层底布鞋”的老字号在当年是怎样的一种竞争关系？又发生了什么样的商战故事？

“步瀛斋”的经理刘亚洲在接受《北京商报》采访时告诉我们当年的故事版本是这样的：步瀛斋是给后宫里的嫔妃做鞋，而内联升是给王公大臣做鞋。因为封建社会女性地位较低，给女人做鞋的步瀛斋故而就没有内联升的名气大。

“步瀛斋”的创办人，也就是其官网简介中

提到的李姓官员早年在宫内的造办处供职，这也为其给后宫嫔妃做鞋提供了先决条件，“步瀛斋”的缠足鞋做得很好，深受后宫嫔妃的喜爱。除了给后宫嫔妃供鞋，“步瀛斋”也给皇宫的卫兵做鞋，还专门生产习武之人喜欢穿的功夫鞋——“螳螂肚薄底快靴”。

发展到民国时期，“步瀛斋”与“内联升”一样，都开始调整顾客定位，包括制作车夫等脚力劳动者穿的结实、耐磨的布鞋。

四 “瑞蚨祥”——曾经的“商业王国”在顾客消费习惯变迁中的定位调整

1862 年，山东章丘县旧军镇的孟子后裔孟传姗（字鸿升）在济南院西大街（今泉城路）路南开设了“瑞蚨祥”，作为其此前开办的“万福祥”的第一家分号，主要经营绸缎、布匹等。1893 年，已经执掌“瑞蚨祥”多年的孟传姗之子孟雒川投资 8 万两白银在北京抄手胡同和大栅栏先后开设了“鸿记布店”和“瑞蚨祥绸缎店”。

到清末民初，“瑞蚨祥”在前门大栅栏商业街已拥有五个字号，分别为东鸿记茶庄、瑞蚨祥总店（也称东号）、鸿记皮货店、西鸿记茶庄、西鸿记绸布店（也称西号），成为北京最大的绸布店。并且，在全国各地开设了106家“祥”字分号，分散在十多个城市，店员多达四千余人，经营内容有绸缎、布匹、茶叶、百货、纸行、药店、当铺、钱庄、染坊、机房等，形成了一个庞大的“商业王国”。

尽管我们今天已经渐渐淡忘了“瑞蚨祥”曾经缔造的商业辉煌，但是，从孙立立《瑞蚨祥：源于清朝红火至今的百年老店》一文中，我们却发现有一家美国连锁企业的创始人是从“瑞蚨祥”的商业布局中找到了自己创业的最初灵感的。这家企业就是美国的世界性连锁企业、世界上雇员最多的企业、以营业额计算为全球最大的企业——沃尔玛，其创始人山姆·沃尔顿曾说中国有一家古老商号大约是世界上最早的连锁经营企业，这家商号带给他创立“沃尔玛”

的最初灵感。

根据山姆·沃尔顿提供的线索——“这家商号的名字来源于传说中的一种可以带来金钱的昆虫”，可以推断出这就是“瑞蚨祥”。如果将有着8500家门店的“沃尔玛”和当年北京“八大祥”之首的“瑞蚨祥”进行对比，的确会发现在经营上的一些相似之处：“一是跨行业和跨地区的多角渗透。在上世纪三十年代，‘瑞蚨祥’已发展成为集布匹、绸缎、绣品、皮货、织染、茶叶、首饰乃至钱庄、当铺等众多经营项目的商业王国，30多家分号遍布于北京、天津、沈阳、包头、上海等全国各商业重镇。而其后的‘沃尔玛’走的也是这条路：分店从美国扩展到全世界，经销90多个门类的核心商品、4000多种日用必需品，营销方式有折扣商店、超级市场、山姆会员俱乐部等多种，公司国际部的销售额占全公司的17%，利润占11%。二是低价位销售。山东有一种土布叫‘大捻布’，价格低廉，经久耐穿，很受百姓欢迎。‘瑞蚨祥’的掌柜孟雒川在章丘开了专织大捻布的织布厂，自产自销，又靠这种土布扩大了积累。薄利多销的大捻布使孟家发了大财，成了大气候，京城的'瑞蚨祥'就是在这一背景下于1893年兴建起来的。沃尔玛也是靠农村市场起家的，其在美国中部经济并不发达的阿肯色州开的第一家超市，经销的就是'5—10美分'的廉价商品。此后确立的沃尔玛经营理念则是'让消费者得到低价格商品'，也就是让顾客能买到比其他商家的价格低5%的货物。单从一件商品看，是少赚了钱，但薄利多销，总利润实际大多了。"

但是，与经营零售产品的"沃尔玛"不同，"瑞蚨祥"是以经营绸布、棉布起家的，而今，改革开放以来，消费者已经越来越习惯于购买成品服装，以前家里有女儿出嫁时，娘家要缝制绸缎面的被子，有的地方要四铺四盖，有的则要六或八套被褥，现在也逐渐以现成的羽绒被、蚕丝被替代了。所以，随着服装及生活用品大规模的工业化生产、购买便捷程度的提升以及人们生活节奏的加快，消费者对布的购买需求较之以往要小了很多，这无疑是"瑞蚨祥"

在生存与发展中必须面对的难题。

“瑞蚨祥”以往在销售布料的同时，也有为人加工服装的传统，随着经济、社会的发展，今天的人们在经历了工业化大生产带来的诸多消费便利之后，也开始不满于批量化加工而成的商品对消费者个性的遮蔽，从而“私人定制”的概念应运而生，实际上，这是传统的消费习惯在现代社会的“复活”，与其相伴生的是“手工定制”的“高端”化概念。把握这一消费需求，“瑞蚨祥”在延续绸缎及各类布料经营的同时，确立了“高端服装定制”这一新定位。

第八讲

书画工美类“老字号”

书画工美类的“老字号”有一得阁、荣宝斋、戴月轩和工美、京珐牌（珐琅）。其中，戴月轩、一得阁、荣宝斋主营笔、墨、木版印刷。笔与墨，伴随许多老北京人走过了难忘的成长岁月，对于这些老顾客来说，习字时的情形即便在时隔多年之后也会记忆如新，那笔尖的触感、墨汁的味道已经融进了他们的情感之中，因此，本讲主要选择这三家“老字号”予以探究。

一　“戴月轩”的“笔”

“戴月轩笔庄”主营湖笔，所营商品也包括文房四宝、名人字画、金石印章等，其建于

1916年，到2016年已经是名副其实的“百年老店”了。“戴月轩”位于琉璃厂，创办人姓戴，名斌，字月轩，店名即源自创办人的姓与字。

“戴月轩”创建时门脸很小，采用前店后厂的开放式制作、销售模式，顾客可以直接看到毛笔制作的工艺与流程，这一点令顾客颇感兴趣。“戴月轩”制作的湖笔以“提而不散，铺下不软，笔锋尖锐，刚柔兼备”而闻名，受到许多书画大家、文化名人的喜爱。那么，“戴月轩”与湖笔有何渊源？一家湖笔店何以名闻京城呢？

“戴月轩”的创建人戴月轩出生于浙江省湖州市善琏镇，善琏镇是湖笔的故乡，也是湖笔的重要产地。湖笔之闻名，在于选料的精细和工艺的精湛。湖笔最大的特点在于“颖”，“颖”也被笔工们称为“黑子”，即笔头尖端那一段整齐而透明的锋颖，行内人用“黑子”的深浅来形容锋颖的长短。锋颖的好处在于笔头尖、修梢齐、笔体圆、笔锋健，蘸墨后，笔锋保持尖形，将其铺开，毛整齐匀顺，无长短参差的现象。

要达到这一标准，不仅对制作工艺有严苛的要求，还必须选用当地上等的山羊毛。所用材料的获取极为难得，据说一只上等的山羊只能出三两可以作为笔料的羊毛，其中有锋颖的只能选出六钱，这些在千挑万选中“脱颖而出”的羊毛再经过浸、拔、并、梳、连、合等近百道工序，才能得以面世。也因此，白居易对毛笔的制作有“千万毛中拣一毫”和“毫虽轻，功甚重”的形容。

湖笔与中国书画史上的一代宗师、宋末元初的大书画家赵孟頫之间也有很深的渊源。赵孟頫是浙江吴兴人，吴兴即今天的湖州，其在书画领域有着很高的成就，在书法方面，擅长篆、隶、真、行、草书，其楷、行书尤为世人所称道，与欧阳询、颜真卿、柳公权并称为“楷书四大家”；在绘画方面，开创了元代新画风，被称为“元人冠冕”。一支能够用着顺手、令人挥洒自如的毛笔对书画家来说，是至为重要的，因此，书画家对毛笔原本就有着特别的感情，加之，湖笔又是赵孟頫家乡的特产，这也使得赵孟頫对湖笔的制作有着更多的关注，《湖州府志》记载说赵孟頫对定制的湖笔要求非常严格，达不到他的要求的毛笔，就会令笔工拆裂重置。据说，今天湖笔制作中精益求精、对质量的严格把控，与当年赵孟頫这一特殊顾客的严苛要求是分不开的。

明成祖朱棣迁都北京，文化中心也随之北移，在这一背景下，一些湖笔匠人来到北京，他们当年所开办的湖笔店铺中知名度高的有贺莲青、李玉田和戴月轩等。“戴月轩笔庄”的创办者戴月轩在刚来京时是在“贺莲青笔庄”制笔，后来自立门户，创办了“戴月轩”。

戴月轩制作的湖笔根据所用笔料的不同，分为羊毫、狼毫、紫毫、兼毫四类，其中，羊毫一定要用湖州当地所产的羊毛；狼毫要用冬天捕获的黄鼠狼的尾巴上的毛，因为此时的毛做出来的笔“锋”能得到保证；紫毫取自南方一种野兔的毛；兼毫由两种不同的毛制作而成。

“戴月轩”承继了湖笔制作对“尖、圆、齐、健”的要求，将其作为笔之“四德”。据《时代经贸》2016 年第 1 期所载《戴月轩》文中介绍："'尖'指笔锋尖如锥状不开叉，利于点撇钩捺；'齐'指笔毛垂直整齐，散开后顶端平齐无参差，吸墨饱满，吐墨均匀；'圆'指笔头浑圆匀称，不凹不凸，书写园转如意；'健'指笔毛健挺，不脱不败，书写时收放自如，富有弹性，收笔后笔头回复锥状如初，且笔毛经久耐用。"

"戴月轩"毛笔从设计、选料、配料、拔毛、水盆（齐材子、垫胎、分头、做披毛）、结头、蒲墩、装套、择笔到刻字需要大大小小近百道工序，在这上百道工序中，挑毛又是最重要的。《戴月轩》文中介绍道："以羊毫笔为例，不直的不行，没有锋的不行，粗细不均的也不行，没有一只羊身上的毛发长得一样长一样直、一样粗细。但羊毫笔要求的却是每根毛必须一模一样。于是，师傅们就要一根一根地精挑，紧盯着灯光下几乎呈纯白色的羊毛，瞅准不透明的，小镊子一夹、一抽，把废毛一根根地挑出来。其中，水盆又称水作工，是制毛笔的最复杂最关键的工种之一。把毛毫在水中梳理去绒、齐毫、切割、垫胎、拨锋、梳理、分头、做披毛，圆盖成笔头。”

“戴月轩”的毛笔还有一个特点，就是给每种毛笔所起的名称文雅而又意趣。比如以“雪中梅香”命名的适于书写楷体字的羊毫笔，以“龙腾虎跃”命名的用于榜书、匾额、泼墨山水和写意花鸟等书画的硬毫笔，名为“武定乾坤”适于隶书、行书以及山水、怪石的马毛加猪鬃的硬毫笔：将毛笔的材质、形态与握笔书写、绘画时的感觉以及最终书画作品的风格融为一体来为一款毛笔命名，形神兼备、引人遐想。毛笔是文化表达与传播的工具，“戴月轩”毛笔的命名也体现出浓郁的中国传统文化特色，“兰亭韵致”“惠风和畅”“光风霁月”“青山挂雪”“松禅遗制”等，仅是看这些名字，就能令人进入一种琴声悠扬、香烟袅袅的意境之中。除了这些颇为文雅的名称之外，还有一些源自典故、意趣横生的名称，如《京华老字号》一书中提到“戴月轩”曾经有一款毛笔名为“书成换白鹅”，便是取自与东晋大书法家王羲之有关的一段故事。

据说“书圣”王羲之喜欢鹅，并且其这一喜好广为人知，山阴有一位道士很想求王羲之写一本《黄庭经》，但又怕王羲之不答应，于是就想着投其所好，养了一群白鹅，专门等到王羲之路过的时候，让鹅在水里优雅地游来游去。不出道士所料，王羲之果然被这群可爱的白鹅所吸引，欣赏许久、不舍离去，便与鹅的主人——这位“蓄谋已久”的道士商量可否将鹅卖与他。道士说鹅是不卖的，但是可以换，如果王羲之能为其写一本《黄庭经》，那么，鹅就可以全部奉送。王羲之当即答应，花了半天的时间写好了一卷《黄庭经》交与道士，道士将鹅全都装笼交给了王羲之，两人都得偿所愿了，这就是“书成换白鹅”的故事。后世有人将王羲之喜欢鹅归因为观察鹅的姿态与游水的动作可以为王羲之运笔、用笔提供灵感，比如，清代书法家包世臣曾写诗来概括王羲之的书法要领——“全身精力到毫端，定台先将两足安。悟入鹅群行水势，方知五指力齐难。”实际上，王羲之喜鹅未必是出于此动因，但“书成换白鹅”的故事却是流传甚广的，唐玄宗天宝三年(744年)正月，贺知章以道士的身份辞京回乡时，李白写诗《送贺宾客归越》赠贺知章：“镜湖流水漾清波，狂客归舟逸兴多。山阴道士如相见，应写黄庭换白鹅。”其中，也用到了山阴道士与王羲之“书成换白鹅”的典故。

“戴月轩”用“书成换白鹅”来给自己的一款毛笔命名，不得不说是熟谙顾客心理的精明之举，熟知这一故事的顾客看到这款笔的名字应该会理解店家的深意，并发出会心的一笑。“书成换白鹅”，既有对顾客的书画水平的赞美，也有对初学者来日书画成就的祝愿，总之，有王羲之这位大名鼎鼎的书法家做主人公，这款笔的名字便成为了店家与顾客之间无须言语、尽在意会的默契。借名人来抬升产品知名度、影响力的做法并不少见，但在产品命名中像“戴月轩”这种委婉含蓄、不失文雅，且与产品结合得如此贴切的确实耐人品味。

二 “一得阁”的“墨”

“一得阁”由谢崧岱创办于1865年，是我国第一家制造和经营墨汁的店铺。谢崧岱创办“一得阁”墨汁店与戴月轩创办“戴月轩”笔庄有所不同，后者来京时已经有着高超制笔技艺，又经过在大笔庄的磨炼，水到渠成地开办了以自己名字命名的笔庄“戴月轩”，而谢崧岱创办“一得阁”完全是出于偶然。

谢崧岱进京赶考，虽然考试未中，但在考试过程中却有了一个改变其此后人生的发现。考场上，一片研墨之声给谢崧岱留下了很深印象，当时，只有固体的墨，使用时需要现磨，平时倒还没什么，但在考试中，研磨墨块无疑既耽误了考生的答题时间，也有可能影响答题的思路。

谢崧岱虽然在科举考试中运气不佳，却很有商业头脑，他提前研磨好一些墨汁，拿到考场外售卖，很受考生欢迎，这也进一步验证了谢崧岱对产品市场前景的判断。后来，谢崧岱对科举考试渐渐心灰意冷，便一门心思做起墨汁生意来，在琉璃厂开了“一得阁”墨汁店，有店铺、有作坊，自产自销。由此，虽然我国科举考试史所记载的上榜名单中不再会有谢崧岱的名字，但是，这个名字却在我国墨汁制造史上留下了浓墨重彩的一笔。

较早的关于制墨方法的记述见于北魏贾思勰所著的《齐民要术》，到了明代，宋应星所著《天工开物》中《丹青》篇的《墨》章对用油烟、松烟制墨的方法则有详细的叙述。《齐民要术》中提到“每锭墨不超过二三两，宁可小，不可大”，在制墨之始及其后漫长的历史中，作为成品的墨都是以固体的形态存在的。墨锭是最后成型的墨块，其是在烟料团经过上万次锤击、捣炼而成的墨团的基础上压制而成的，借助铜制或木制的墨模，将分成小块的墨团压制成长方形、圆形、椭圆形、半月形、圆柱形等不同形状以及表面有十二生肖、松、凤、鹤、鱼、鸟、花等不同图案的墨锭。墨锭的使用，需现磨现用，如果研好的墨汁放置超过一天再用于书写，则容易褪色，并且对笔锋也有损害；研磨好的墨汁要放置在相对较为密封的匣内，做到防潮、防晒、防尘。固体墨的使用有如此多的要求，也难怪参加科举考试的考生们即使耽误时间，也不得不现场研墨了。

为了能够研制出一种可以与墨锭现磨一样效果的墨汁，谢崧岱经过了许多次的试验，并且学习古人的制墨方法，最终选用油烟，添加辅料，制成了便于使用、效果理想的墨汁。谢崧岱在其于光绪十年（1884 年）写成的《南学制墨札记》中分享了“制墨八法”：取烟第一；研烟第二；和胶第三；去渣第四；收饼第五；入盒第六；入麝第七；成条第八。并于光绪十四年（1888 年）题写了“一得阁”的匾牌，“一得阁”的店名取自谢崧岱书写的一副对联——“一艺足供天下用，得法多自古人书”，上下联的首字即为“一得”。

“得法多自古人书”，记述了谢崧岱从古人制墨技法中所获得的启发。据说，“一得阁”将苏东坡尊为墨圣之首，他教会了谢崧岱取烟之法。宋朝赵彦卫的《云麓漫钞》中曾引苏东坡的诗“书窗拾轻煤，佛帐扫余馥，辛勤破千夜，收此一寸金”，诗中描写的就是扫灯烟制墨。谢崧岱尊崇的第二位墨圣是宋代制墨名家、《墨经》的作者晁季一，他使谢崧岱找到了和胶的方法。编著了历史上第一部制墨工艺书《墨法集要》的沈继孙是谢崧岱所尊崇的第三位墨圣，谢崧岱将这本保存有21幅古法制墨图的明代工艺书称为“集墨家大成，为造墨家空前绝后之书”。

《京华老字号》一书中有20世纪40年代就到“一得阁”做学徒的张英勤对“一得阁”制墨方法的口述：油烟的做法是在作坊里封闭的屋子里点上数百盏油灯，上面有一层铁板，油烟不断往上飞起，凝聚在铁板上，最上面的质量最好，被称为“云烟”；中间的质量较“云烟”次了一些，被称为称“中烟”；最下面的较之“中烟”又次了一些，被称为“落地烟”。烧油取烟法需要工人定时进到作坊里添油。据明代宋应星《天工开物》记载，一位熟练的工人可以掌管 200 盏油灯，取烟时对时机的掌握也有很高的要求，如果取烟不及时，油烟会变老。取烟时，铁板表层的油烟，也就是“一得阁”称为“云烟”的部分需要用鹅毛刷轻轻地将其刷到纸片上，以“云烟”名之，或许也有缥缈、不易得之意，“云烟”制作出的墨细腻光亮、最为上乘，平均燃烧一斤油仅能获取约一两的“云烟”。

“一得阁”将创始人谢崧岱研制出的墨汁命名为“云头艳”，这一产品名称沿用至今。“云头艳”的名称由来与“云烟”相关，因为这款墨汁是由优质的“云烟”加工而成的，根据“一得阁”官方网站的解释，云头艳墨汁“取顶层之烟，含紫玉之光，乌黑而有神韵，由如彩云般之艳逸”。云头艳由此而得名。

“一得阁”松烟的获取方法与油烟不同，不是在密闭的屋子里，而是在院中设置炉灶，灶上连接特制的烟筒，所谓“特制”，是指烟筒有许多“拐脖”的设计，这样，炉灶里点火燃烧松木，松烟会在烟筒里徐徐升腾，并且，在烟筒里拐弯绕圈，增加附着在烟筒里的时间，等燃烧到一定火候，将烟筒取下敲打，便可获取到松烟。

《天工开物》也有关于制作松烟的记载，不过不是使用烟筒，而是搭竹棚收烟，竹棚足有30多米长，内用砖铺烟道，松木放置在竹棚内点燃，松烟沿着竹棚由近端向远端蔓延，几天后，等棚内冷却后便可入棚取烟。竹棚内不同位置刮取到的松烟品质是不一样的：烟道中离燃烧点近的位置刮取的烟是质量最低一级的，称为“烟子”，只能用于印刷；质量最好的是竹棚远端刮取的松烟，可制作出上等的墨；中间段所取到的松烟质量也数中等，被称为“混烟”，用于制作普通的墨。

点油灯、烧松木取烟的传统技法，耗时、费力且需要大量的优质木材，新中国成立后，“一得阁”在承继古法的基础上，对制墨工艺进行了一些改进。俗话说“无胶不成墨”，胶的品质以及熬胶的火候直接关系到最后成墨的品质，“一得阁”将原来“自然沉淀”式的熬胶法改为使用蒸汽熬胶，将原来凭感觉判断骨胶的黏度改为滴管测定；原来的用人工捣墨、石磨研磨改为机器轧制。在原材料的选用上，现在是采用色泽光亮的四川高色素炭黑，辅以增加墨香的冰片和麝香、起防腐功能的苯酚以及使墨更好附着于纸上的骨胶。

除了“云头艳”“一得阁高级墨汁”“一得阁老墨汁”等“旗舰”产品，“一得阁”还为书画初学者及普通消费者设计了“练习专用墨”“学生书法用墨”以及“北京墨汁”“中华墨汁”，将这一大类定位为“普及产品”；介于“普及产品”与“旗舰产品”之间的，还有一类“中端产品”，如“书画墨汁”“学生墨汁”等，从而满足了用墨者的多样化需求，因此，不仅一些书画大家、文人墨客对其赞誉有加，如著名书画家启功先生曾为“一得阁”题诗：“砚池旋转万千磨，终朝碗里费几多。墨汁制从一得阁，书林谁不颂先河。”“一得阁”也伴随过许多家庭中的几代人习字与成长，一位在读大学二年级的土生土长的北京女孩告诉笔者：从她记事起，家里的书桌上就必备“一得阁”的墨汁，一直到现在。所以，对于“一得阁”北京文化人有一种特殊的情结。

三　“荣宝斋”的“木版水印”

“荣宝斋”始建于清康熙十一年（1672 年），在其三百四十余年的历史中，有将近 2/3 的时间里使用的名称是“松竹斋”，从创建之初到光绪二十年（1894 年），“松竹斋”的招牌伴随这家“南纸店”走过了 222 年的漫长时光，并因有品质、特色化的经营而誉满华夏。

“松竹斋”的创办者是一位在京任职的官员，前店后坊，既经营书画用纸、文房四宝以及刻印精美的信笺、装裱好的屏联，也提供字画装裱服务，在选材与做工方面一丝不苟，且善于经营，口碑甚佳。也因此，“松竹斋”还获得了承印“官文书”和“试卷”的机会。根据《旧京琐记》中的记载，当时琉璃厂的南纸铺并不只“松竹斋”一家，但因“松竹斋”的染色雕花等一系列做工精致、雅洁，最为人们所称道，成为南纸店中的“巨擘”，特别是其官文书的款式、试卷的光洁，都是其他店铺所难以企及的。

“官文书”是指官员的奏折，其重要性对于官员自身的身家命运不言而喻，特别是清朝相对太平、尚无外扰内忧的时期，朝中负责阅看外省官员奏折的大臣为了显示自己的尽职尽责，会盯着奏折中的书写错误、款式不符、冒犯上讳等方面挑毛病，一经发现，给呈送奏折的官员带来的后果轻则是扣工资，重的有可能是降级使用，所以，官员们对于奏折的选用不敢有丝毫疏忽，不仅字体要统一使用工楷洪武正韵、牢记清朝历代皇帝的庙讳以及其他种种禁忌，连稍有墨渍、不够光洁美观的问题也要极力避免，可以说对于奏折的谨小慎微已经到了一种极致。在这一背景下，包括“松竹斋”在内的一些店铺都参与到奏折的印制中，“松竹斋”制作的白折最令人信赖，其在交与买主之前，必经过十多道检查工序，不会放过任何一个细小的瑕疵，因此可以做到万无一失，虽然价格要比其他店铺高出半倍，但为官之人当然明白不能因小失大的道理，纷纷将“松竹斋”作为购买“官折”的首选之地。

“试卷”指的是“官卷”——清朝高级官员的子弟参加乡试的试卷。“官卷”制度是清朝在明朝科举制度基础上的一项创新之举，目的在于通过分别考录，不使官员子弟与寒门士子产生竞争，以防止科举舞弊、保证考试公平。康熙三十九年六月，因深感官员子弟与平民一同考录中舞弊事件层出致使舆论沸腾，康熙提出了官、民分别考录的设想，经过充分慎重的讨论，最终确定了“官卷”制度的运作方式、涉及范围。“官卷”另编字号，单独录取，一方面不占用其他考生的录取名额，另一方面又能保证官员子弟的录取率，并且，因“官卷”所设的录取率数倍高出一般试卷，官员子弟乃至其他亲属都十分乐于参加“官卷”考试或者想方设法获得加入“官卷”考录的机会。以乾隆二十三年为例，当时“民卷”的录取比例约为 100 人中取 1 人；而“官卷”的录取比例根据省份大小，最高可以达到 10 ： 1，最低也可以达到 20 ： 1，一般在 15 ： 1，这种悬殊的比例难免令人趋之若鹜。为此，从“官卷”制度设立之初就对“官卷”所涉范围有严格的规定，在乾隆十六年(1751年)又对此做了进一步明确：可以编入官字号的，仅限于京官文四品、外官文三品、武官二品以上以及翰詹科道各官的子孙、同胞兄弟、同胞兄弟之子中参加乡试者，其他人不得混冒。“松竹斋”因良好的声誉而获得承印“官卷”，同时，承印“官卷”不仅给“松竹斋”带来了一笔可观、稳定的收入，并且也愈发提升了“松竹斋”的知名度与美誉度。

但是，“松竹斋”在经历了200多年的荏苒时光后，特别是在经历了两次鸦片战争后，逐渐开始走下坡路，到光绪二十年（1894年）时已经出现了难以为继的状况，为了能使店铺重获生机，将“松竹斋”更名为“荣宝斋”，取“以文会友，荣名为宝”之意，并请当时著名的大书法家、同治年间状元陆润庠题写了“荣宝斋”的大字匾额。

“荣宝斋”在延续“松竹斋”的传统业务，如印制官折、试卷的基础上，还建立了“帖套作”，自己印制信笺、信封，并创新了“缙绅”这一新业务种类，“缙绅”即官员名录，印制这种官员名录也成为“荣宝斋”一项重要的增收途径。

但“荣宝斋”真正令世人赞叹、让“荣宝斋”名扬天下的是其“木版水印”技艺。

木版水印是我国特有的版画印刷技艺，其与雕版印刷术、活字印刷术一样，是中国对世界印刷史的又一项重大贡献。唐代时，单色木版印刷术就已经相当成熟，我们今天仍可以看到唐代咸通九年（868 年）用这种印刷术刻印的《金刚般若波罗蜜经》。到明代万历、天启年间，木刻版画进入历史上的黄金时期，出现了彩色套印技术，其中，天启七年，胡正言编印的《十竹斋画谱》《笺谱》就是运用了被称为“饾版”“拱花”的套色叠印技术。“饾版法”，是依据画稿的笔力、设色以及色相刻出数量不等的木板块，叠印时，将刻好的小块木板对照原作拼在一起，按照深浅，依次叠印。可以说，木版水印是绘画、雕刻和印刷三种技艺的集中体现，其既可以用于艺术作品的创作，也可以对书画作品进行逼真地复制。到了清朝康熙年间，套色水印技艺已经非常成熟，对许多习画者产生深远影响的《芥子园画谱》就是出现在这一时期。

但是，这一传统印刷术在鸦片战争后逐渐受到来自欧洲的石印术的冲击，慢慢走向衰落，渐近绝迹。

20世纪30年代，为了使木版水印技艺能够得到恢复、延续与传承，鲁迅与郑振铎共同出资请荣宝斋对《十竹斋画谱》进行了翻刻辑印，并且搜集整理了当时京城流行的信笺式样，由荣宝斋印制了《北平笺谱》,《画谱》与《笺谱》的翻刻，虽然只是分别印制了300部和200部，但是却在“荣宝斋”的发展史上有着重要的意义，使“荣宝斋”由原来单是印制一些信笺、诗笺，开始转而印制一些书画作品，并且从小幅的《画谱》《笺谱》到复制大幅的画作，从仅能复制淡彩、纸本，到可以复制重彩、绢本，“荣宝斋”的工艺师们不断研磨，到1954年的时候，“荣宝斋”的木版水印工艺水平已经达到很高的水准，从这一年起，“荣宝斋”开始对我国历代书画真迹进行临摹复制，陆续完成了上百幅画作的复制，其中，最为人们所称道的是对五代南唐画家顾闳中的唯一传世之作——《韩熙载夜宴图》的复制，该画由“听乐、观舞、歇息、清吹、散宴”五个部分构成，记录了五代南唐大臣韩熙载放纵不羁的夜生活，被认为是我国古代工笔人物画中的经典之作。对《韩熙载夜宴图》的复制历时 8 年，勾描、雕刻木版 1667 块，其中，仅仕女裙一处就得需要 56 块套版加以印制，全画中类似的人物达 49 个，每一个的衣着装扮、音容笑貌都必须做到细腻逼真，长三米多的画卷，使用了与原画完全相同的材料和珍贵颜料，套印 6000 多次，只印了 30 幅，由于这些复制品也有着非常高的艺术价值，刚刚完工，就被故宫博物院认定为珍贵程度仅次于真品的“次真品”，引得各博物馆和收藏家们纷纷竞购。之后，“荣宝斋”又用这种方法复制了北宋张择端的长卷《清明上河图》等珍品，从而让国内外更多的人可以看到我国珍贵的书画传世之作，对于中国传统书画文化的保护与传播功不可没。

2006 年，“荣宝斋”的木版水印制作技艺入选我国第一批“国家级非物质文化遗产”。以木版水印法复制中国书画作品为例，要经过勾描、刻板、印刷等主要工序，在勾描之前，先要根据笔触和色调，对原作进行分板，将原作中所有同一色调的笔迹归到一套版内，不同的画作根据色彩的复杂程度，分板数量少则几套、几十套，多的有几百套，甚至上千套，如《簪花仕女图卷》的复制分板达 1600 多套；勾描时，先用透明薄胶版覆在原作上进行勾描，然后，将极薄的燕皮纸覆在描好的透明薄胶版上再进行反勾；刻板，即将勾描于燕皮纸上的画样粘在木板上，运用不同的刀法进行雕刻；刻板完成后比照原作进行调色，调好色的木版可以进入印刷环节，压印时对力度、节奏及空气中湿度的控制，都会对成品产生影响，因此，也是对技术与经验的考验。“荣宝斋”因为“木版水印”技艺高超，复制的画作连作者本人也难辨真假，据说齐白石先生在“荣宝斋”面对两幅写意虾图，一是其真迹，一是复制品，请其辨别哪幅是真迹，最终也未能做出判断。

为了使“木版水印”这一非物质文化遗产为更多的人所了解，“荣宝斋”于2008年成立了“木版水印工艺坊”，参观者可以在中国古典音乐营造出的传统文化氛围中，静静地观摩艺师现场展示木版水印技艺，从勾描、刻板、印刷到装裱，当看到一幅逼真的复制作品诞生在自己眼前时，不得不赞叹这一神奇的技艺，感慨并庆幸于“荣宝斋”对于几近失传的传统印刷术的抢救性恢复和创造性发展。

第九讲

“老字号”的“新”传播

2006年我国商务部认定首批“中华老字号”，至今已经十余年了。这些“中华老字号”企业在文化传承、传播方面现状如何？这些年，我国互联网媒体迅猛发展，特别是微博、微信等社交媒体的快速普及，人们上网设备进一步向手机等移动端集中，人们获取信息的方式更为多元、更加便捷；同时，对传播的形式、内容也有了更高的要求，社群经济、关系营销、情感沟通等，成为企业与消费者互动的新方式。那么，在口碑传播、关系营销方面有着深厚传统和丰富经验的百年“老字号”们，在传播方面是否实现了创新呢？

为了解“中华老字号”的语言文化传播状况，

也为了促使学生们关注这些“老字号”的历史与文化，笔者结合2016年春季的“文化传播学”课程，组织本科生对北京前门大栅栏、王府井、什刹海等地的“中华老字号”门店以及位于大兴的一家“老字号”的厂区进行了走访、调查和体验。

通过实地走访，我们看到，大多数“老字号”在企业形象设计与包装方面，已经越来越下功夫。不仅在店铺的建筑外观、内部装潢及陈设上着力突出百年老字号的历史感，在相关物品的使用以及产品、空间的命名上，也非常注重体现传统文化以及自身品牌的特色。

例如，“烤肉季”用来盛装烤肉的鼎状餐具上，不仅有金色的“烤肉季”字号名称，还刻有“国家非遗”四个字。在人们品尝“老字号”特色烤肉的同时，可以告知顾客这里的烤肉制作技艺属于国家级非物质文化遗产。如果有兴趣、有时间，还可以进一步了解这项“非遗”技艺的历史与文化特色：“烤肉季”餐厅进门处，布置了一面“展示墙”；顾客还可以观摩厨师制作烤肉的过程,也可以预订“武吃”,自己来体验“非遗”烤肉;店门口有宣传册,供顾客自由取阅。

在餐厅包间的命名上,“烤肉季”结合周围的环境特点以及中国传统文化的一些元素,将可以看到楼外荷花的包间命名为“赏荷厅”,将内有100个“福”字的包间命名为“百福厅”,但是,并没有突出“烤肉季”这一“老字号”品牌以及其“非遗”技艺的文化特色。

什刹海是不少中外游客来京旅游的必到之地,而“烤肉季”总店就位于什刹海银锭桥附近,因而也成为不少游客较为便捷的就餐之所,但是,大多数游客事先并不知道这是一家“中华老字号”餐厅,更少有人知道这里的烤羊肉技艺还被列入了国家级“非遗”名录。比如,在走访中遇到的一对从南方来此旅游的年轻人,在看到端上来的炙子烤肉时,感到很诧异,他们原本以为是韩式烤肉那样的做法,因为与起初设想的不一样,甚至还有些失望。即便是在北京生活了较长时间的顾客,也并非都听闻过这一“老字号”,一对北京的老夫妻是看着这里环境干净、整洁进来就餐的，之前并不知道这家店，从门前经过时，也没注意到这是一家“老字号”。

因此，在茫茫人海中，对于那些有缘走进门店的顾客，花心思去介绍自己的品牌与文化当然是十分必要的。如今的市场之大、竞争对手数量之多已经远非百年前、几十年前可比，如果连送上门来的顾客都错过，甚至像有些店铺，特别是某些旅游景区的店铺那样，把与顾客的关系定位为“一锤子买卖”，就太不明智了，如今打开“大众点评”，孰优孰劣，那些潜在的顾客自会做出判断。

“老字号”能够经历百年，乃至数百年的风吹雨打，时至今日依然招牌不倒，在聚拢顾客、口碑营销上肯定有其过人之处，不过，不能否认，一些“老字号”确实面临着“新问题”，比如，有的在快节奏的商业竞争中忽视了服务的细节，令顾客不得不“敬而远之”；有的对于传播的新技术、新平台的运用尚不得法，还不能及时跟上顾客的脚步。古今中外的经验表明，做好“百年老店”，不断创新与守成保业同等重要，既不能在商品经济的大潮中丢弃了立业之本，也不能割裂于社会发展与技术进步的大趋势之外。

一　“老字号”的“新媒体”传播

如今，“老字号”企业大都建立了自己的官方网站，也紧跟时代潮流，开设了微博账号、微信公众号，但是，却多给人疏于打理的感觉，形式单调、内容更新慢、缺乏与顾客的互动。比如“烤肉季”的微博最后一次更新一直停留在2015年的11月20日，距今已经有一年之久了，其微博粉丝也只有368位。微信公众号推送的文章基本是一个月1–2条，发文也多为优惠信息，文字非常简单，有时就只有一张促销的海报图片，而且，还常常是在今年过某个节日时，将去年同一节日推送的内容翻出来，仅调整一下时间，其他内容原封不动，就推送给粉丝了，比如，2015年母亲节推送的标题是“5月10日和妈妈一起什刹海荡起双桨”，内容是一幅“母亲节特惠”的套餐优惠海报图片；2016年母亲节推送的标题是“5月8日和妈妈一起什刹海荡起双桨”，内容是和2015年“母亲节特惠”几乎一模一样的海报图片。再如，2015年儿童节推送的标题是“快乐随心，什刹海美食明珠与您一起过‘六一’”，内容除了一幅简单的图画，只有一句“到店消费的小朋友，都可以免费品尝水果捞。先到先得，送完为止”。2016年儿童节的推送就更简单了，就是对2015年儿童节所推送内容的复制粘贴，没有丝毫变化。

“烤肉季”实际上在“借力打力”进行品牌传播方面是有一些不错的做法的，比如借2016年北京国际设计周设置“什刹海·漫生活”分会场的机会，积极参与到其中的“什刹海商户主题创意活动”中，设计推出了“银锭珍馐 烤肉季之文化探宝之旅”，其活动预告也做得颇能吸引人——“银锭桥旁的百年老店‘烤肉季’，与国内最早的随境活动设计者‘探宝之旅’共同合作，一同在历史渊源深厚的什刹海开展一次充满科技味道的实景探索活动。参与者将通过移动互联网的各类应用，从微信到 AR\VR 等各种角度，在什刹海的各处人文历史景点，通过故事及亲身探索的形式充分了解这家百年老店的全新面貌和历史沿革，亲身体验中国美食文化的传承和背后的精彩技艺。”笔者的学生全程体验了“烤肉季”的这项活动，感觉有趣、有收获。但是，令人遗憾的是，这原本应该在微信公众号中进行特别策划和推送的内容，也仅仅是在 9 月 23 日、24 日两天连发了几条活动预告就无声无息了，截止到 11 月 15 日时，“烤肉季”微信公众号的最后一条推送仍然定格在 9 月 24 日。

俗话说“酒香还怕巷子深”，“老字号”不仅要做好产品，还要善于“吆喝”，既要留住老顾客，也要吸引新顾客，社交媒体的广泛应用，为“老字号”传播自己的品牌文化，加强与顾客的情感联系提供了一个便捷、高效的平台，但是，目前大多数“老字号”还没有把这个平台用好。如果以有一搭没一搭的态度去经营微博、微信，只是做到了别人“有”，自己也“有”，那么，这个“有”，还不如“无”，因为这种“有”，不能让顾客看到支撑“老字号”屹立百年的魂魄、一丝不苟的精神、超凡脱俗的气韵，“泯然众人矣”，与一般小店无异，让老顾客失望，潜在顾客流失。因此，如果没有合适的团队打理，倒不如不做；如果做，就得如经营店铺一样经营这些传播平台，因为，在新媒体时代，这就是人们认识、了解“老字号”的重要途径，就如同“老字号”的门面一样。

也应该看到，只要用心去经营与顾客的关系，就会有不一样的风景，“老字号”中也有成功地通过社交媒体进行品牌文化传播的案例，如“内联升”。“内联升”的微信公众号客观来讲，和大多数“老字号”一样，并没有多少亮点或者过人之处。值得关注的是“内联升”的官方微博，其突出的特点是善于运用社交媒体拉近与顾客的心理距离，能够有专人花费心力在互联网的海洋中搜索发现自己的顾客及潜在顾客，及时回复顾客疑问，以富有个性、轻松幽默的方式与顾客互动，逐渐在网络平台上搭建起来自己的稳定社群。“内联升”的官方微博于2010年1月开通,2012年,随着一位名叫“张书乐”的网友将“内联升”官微与其个人微博进行互动的经历予以分享,并且进而对“内联升”微博营销的特点进行分析，使得“内联升”的特色微博传播方式开始为更多的人所关注。在《内联升 :“沉默寡言”的“微营销”》这篇文章中，张书乐回忆其最早发现“内联升”官微每天会搜索出与“内联升”有关的微博并予以评论、转发，是源于其自己发的一条微博，他在微博上写给陪伴自己五年的“内联升”布鞋的一段话在4小时后就被“内联升”官微转发了，并加了一句评论“正所谓旧的不去,新的不来”。这让张书乐有些惊讶，因为其并没有@（大意是指“对某人说”，这里是指微博与“内联升”有关,发表的同时,提醒对方注意）“内联升”。一开始他将自己的微博被“内联升”官微发现并加评论转发看作是一种偶然，但经过对

“内联升”官微转发、评论普通用户微博的情况进行梳理，才发现这并不是一种偶然，而是“内联升”官微用心经营的结果。

距离张书乐发文四年多之后，2016 年 11 月笔者对“内联升”官方微博进行浏览时欣喜地看到，其在数量庞大的微博中“海搜”出提及“内联升”的只言片语并予以评论转发的做法一直保持着，而且其熟练地使用着网络流行语言，以轻松幽默的方式与购买、穿着“内联升”布鞋的网友们互动着，从其语气判断，俨然是一位虽喜欢调侃，但又透着认真，对自家品牌充满爱心、对每位顾客充满耐心的大男孩的形象。

比如，2016 年 6 月 25 日，一位年轻女性网友在微博上晒了一张穿布鞋的自拍照，并配了一句话——“逛个街，所有人都在看我的老布鞋;哈哈哈，北京丫头就穿内联升”。“内联升”官微在 6 月 27 日早上 6 点多转发了这条并没有 @“内联升”的微博，并在“北京丫头就穿内联升”的短评后面配了上了一个捂嘴笑的表情符号，不禁令人会心一笑。还有同样没有 @“内联升”的另一位女性网友的微博，晒了一张穿黑袜、黑布鞋的自拍照，文字说“女版内联升，萌萌哒”，“内联升”官微在第二天就搜到了这条微博，转发并评论说“黑袜子也蛮好看的，森女范儿”，还故意加了一个色色的表情，就好比熟悉的男同事开玩笑夸女同事眼光好、会穿搭一样。对于在微博中直接@“内联升”官微的，转发和评论的速度就更快了，比如一位网友在5月23日零点发了一条@“内联升”的微博，“内联升”官微在早上八点多就有了反馈。

如果联系到“内联升”是中国最早的“客户关系管理档案”——《履中备载》的创造者，其善于进行关系营销是有历史、有传统的，就不难理解其如今在微博上进行深耕的做法了，只不过，历史上的《履中备载》主要记载的是达官显贵的制鞋尺寸、偏好要求，而今，在社交媒体上，“内联升”是在把握每一位普通消费者，增强其对“内联升”的好感和忠诚度。可以说，“内联升”充分认识到了社交媒体的优势并对其进行了有效运用。现在想来，“内联升”之所以深耕微博，对微信公众号的运营却没怎么花心力，也与这两种社交媒体在传播上的差异有关，在微博上，“内联升”官微可以搜索到其要精准传播和进行互动的对象，但在微信上，其必须先进入顾客的朋友圈才可以看到其发布的内容，继而与其互动。因此，对于精明的资深关系营销专家“内联升”来说，必然不做亏本的买卖，既然通过微信不能实现其一对一、精准传播的目标，也就不必去投入太多的时间成本了。

二 “老字号”的“体验式”传播

除了利用新兴的社交媒体进行品牌文化传播，“老字号”们的线下传播也值得关注。有不少“老字号”，特别是有技艺被确定为“非遗”的“老字号”们在开办博物馆、展馆（厅）以让更多的人了解这项文化遗产、推动技艺传承方面做了许多卓有成效的工作。除了我们在前面章节提到的“北京同仁堂博物馆”“全聚德展览馆”“内联升非物质文化遗产展厅”“北京盛锡福博物馆”之外，还有“吴裕泰王府井茶文化陈列馆”“北京便宜坊食府博物馆”“北京工艺美术博物馆”以及“中国景泰蓝艺术博物馆”等。这里隶属于北京市珐琅厂的“中国景泰蓝艺术博物馆”需要特别说一下：“景泰蓝”是最具北京特色的传统手工艺品之一，其始于元朝，因盛行于明朝景泰年间，又多以蓝色为底色，故得名“景泰蓝”。参观者在这里可以看到明清时期制作景泰蓝的工具设备以及大量精美作品，还可以到景泰蓝的制作车间现场观摩。

位于大兴的“义利”总部，在品牌文化传播以及与顾客建立情感方面的做法也值得许多其他“老字号”借鉴。这里摘录一段苏佳玉同学的调查手记：“在整理采访稿的过程中，我深深感受到，一个企业能否成功，与其是否能真诚地对待消费者有着千丝万缕的联系。从我们联系到义利总部开始，义利的工作人员就给我们留下了热情、亲切的印象，义利的胡文中女士不仅全程陪同我们参观、接受采访，还带领我们体验了义利的员工餐——包子、凉面和炒菜，还有瓶装的北冰洋汽水。在不大的餐厅里，企业领导和员工都穿着白色的工作服围坐在一张张圆形餐桌边用餐。

相比较有的同学在调查北京其他老字号时受到的冷漠待遇，走访义利的我和另外一名同学感到十分幸运。”

这段调查手记中提到的其他学生在走访时的感受，是指在有些“老字号”门店中，明确规定禁止拍照，一些店员对本店的历史文化、经营理念不甚了解，更谈不上在与顾客的交流中，潜移默化地让顾客感受到“老字号”的文化特色与厚重历史。特别是一些“老字号”的工作人员没能较好地传承“老字号”的服务精神，并不能给顾客如沐春风之感，让顾客对这些“老字号”颇为失望。

2016 年 11 月 11 日，《人民日报》刊发了厉以宁先生的文章《我国老字号企业的状况令人担忧》，其中提到商务部认定的“中华老字号”有 1000 多家，其中 70 多家为上市公司。这些老字号企业中，只有 20% 到 30% 仍在不断发展壮大，而多数经营情况欠佳。还有一些老字号企业甚至空有品牌，已无产品上市。笔者认为，导致这一状况的一个主要原因就在于一些“老字号”在强调经济收益的同时，忽视了对“百年老店”文化血脉的传承，放弃、丢失了“老字号”安身立命的精神支撑，其所极力追求的物质收益也就成了无本之木，难免会走向衰落。

一个在文化传承上充满活力的“老字号”，顾客是能够从其员工的精神面貌上做出判断的。“老字号”的历史与文化越为员工所了解与认同，其在与顾客交流的时候就越有企业自豪感、越能践行“老字号”的文化理念，“老字号”与顾客之间必然会形成一种良性循环的互动关系。

“义利”是一个成功的例子，去“义利”走访的赵怡然同学在调查手记中这样写道：“通过一上午的参观，我们看到了比想象中多得多的品牌文化展示。从义利历史文化展厅到工厂流水线全透明公开，再到最新建立的 DIY 体验室，我们看到的是义利人对‘义’的不懈坚持。工厂门口的北冰洋汽水雕塑、拍照区可爱的北极熊模型和义利面包模型，以及几十年前老工厂用过的旧机器，每一个都让我深深体会到百年义利的品牌文化，不仅仅是美味的面包，更饱含了十几年来吃义利长大的我们这代人的最美好记忆。”

“义利”将厂区和车间全部开放，开展面向所有消费者的“工厂观光”和“面包制作”等参观、体验活动，已经有十年的历史了。从参观者、体验者的反馈来看，几乎是众口一词的赞扬声：“与一些老字号故步自封，对于上门的参观者缺乏热情，甚至在不涉及商业秘密的情况下仍明确禁止拍照等做法相对比，义利对所有消费者敞开大门，真诚、热情对待每一位顾客。让每个人都能在义利的参观与体验中、在与义利员工的接触中感受到温暖与热情，乘兴而去、满载而归。并且仍然还想再去，或是抑制不住要将体验分享给更多的人，愿意在网上为义利代言，主动做义利品牌文化的宣传员。”由此可见，“老字号”的生存与发展、“老字号”文化精髓的延续与传播,归根结底,还是要在“用心、耐心、细心、贴心”方面做文章。

三 “老字号”的“博览会”传播

“中华老字号博览会”是“老字号”们的集体亮相,也是“老字号”文化的集中传播。在“博览会”上,参观者可以“一站式”了解几十、上百家“老字号”的往昔岁月与今朝发展,还可以现场品尝、购买,因此,这种形式也很受人们欢迎,特别是那些有“老字号”情结的参观者更是对此颇为期待。

北京、上海、杭州都有以“中华老字号”为主题的博览会。其中,上海的“中华老字号博览会”是商务部与上海市政府的部市合作项目,固定于每年9月份举办,到2016年已经举办了十届。

浙江的“中国中华老字号精品博览会”是由浙江省商务厅主办的,从2004年开始每年一届，到 2016 年已经是第十三届了。

北京的“中国中华老字号博览会”在商务部支持下，由北京市商务委员会、中国商业联合会、北京市西城区人民政府主办，2011 年 8 月 18 日在北京展览馆举行，来自全国的 185 家“老字号”企业参展，其中，北京的“中华老字号”企业有 58 家。参展企业涉及食品、工艺品、文化用品、中药、服装、鞋帽、酒类、茶叶饮料、眼镜等多个行业领域。为期 4 天的展会吸引了 12 万参观者,仅现场的销售额就将近 1800 万元。

“博览会”传播有诸多优点，除了让参观者在一时、一地集中了解“老字号”们的发展历程与品牌文化之外，来自全国各地、不同行业的“老字号”还可以互通有无、交流经验，也可以促使“老字号”们相互之间取长补短，更好地探索传承与传播的新途径、新方法；同时，还可以引起较高的社会关注，在“注意力”日益“紧俏”的大背景下，唤起人们对“老字号”所附载的文化价值的关注、对“老字号”中的“非物质文化遗产”技艺传承与保护的关注。

经历了百年甚至数百年历史浮沉的“老字号”已经成为一种社会文化遗产，其并不独属于某一个企业、某一个行业、某一座城市，包括企业、行业和“老字号”所在城市的政府部门以及生活在这个时代的每一个人，其实都负有这样一种使命，就是不断去思考如何承前启后，将前人所创造出来的宝贵文化资产保护好、传承好并且能够发扬光大。

参考文献

1. 张建勇 :《关于古人名、字相协和字、号应用的几个关键问题——兼与顾海兵先生商榷》,《学术界》, 2011 年第 12 期。

2. 王焯 :《中国老字号的传承与变迁》, 知识产权出版社, 2015 年 1 月。

3. 何庄 :《北京老字号档案的特点和价值》,《北京档案》, 2011 年第 4 期。

4. 李毅 :《"字形符号" 对企业 "字号文化" 的推动研析——从中华老字号的视觉传达谈 "字形符号" 的作用》,《新闻界》, 2015 年第 1 期。

5.《中华知名老字号张小泉刀剪品牌之争》, 商标网, http://www.regtm.com/2010-6-1。

6. 张军 :《浙江五芳斋收购案翻出旧案 : 武汉五芳斋商标注册为何兵败》, 荆楚网, http://

news.cnhubei.com/xw/jj/201502/t3178195.shtml

7. 陈甬沪：《略论企业名称字号保护》，《中国工商管理研究》，2003 年第 5 期。

8. 贺川生：《美国语言新产业调查报告：品牌命名》，《当代语言学》，2003 年第 1 期。

9. 郭熙：《中国社会语言学》，南京大学出版社，1999 年。

10. 曾祥喜：《中国大陆商标命名的世纪变迁》，《语言文字应用》，2002 年第 3 期。

11. 吴水龙、卢泰宏、苏雯：《“老字号”品牌命名研究——基于商务部首批老字号名单的分析》，《管理学报》，2010 年第 12 期。

12. 袁家方：《寻找“都一处”的历史》，《时代经贸》，2016 年第 4 期。

13. 朱小平：《无双毕竟是家山——传说中的老北京》，金城出版社、西苑出版社，2011 年 9 月。

14. 杨米人等著、路工编选：《清代北京竹枝词》（十三种），北京古籍出版社，1982 年 1 月。

15. 陈宗蕃编著：《燕都丛考》，北京古籍出版社，1991 年 10 月。

16. 王泉根 :《当代中国人取名用字的时代性与地域特色》，《寻根》，2012 年第 4 期。

17. 王永斌 :《话说前门》，北京燕山出版社，1996 年。

18. 尹庆民 :《北京商业老字号历史文化背景若干》，《北京联合大学学报》，2002 年 9 月。

19. 王岩 :《歇后语的文化内涵》，《江苏技术师范学院学报》，2010 年 1 月。

20. 崔金生 :《老字号风情歇后语》，《北京档案》，2002 年第 6 期。

21. 贺富明 :《京华老字号》，中国旅游出版社，1987 年 2 月。

22. 侯式亨编著 :《北京老字号》，中国环境科学出版社，1991 年 4 月。

23. 政协北京文史资料委员会 :《驰名京华的老字号》，文史资料出版社，1986 年 4 月。

24. 王乐 :《京师美馔，莫过于鸭之炙者》，《文汇报》，2012 年 10 月 8 日。

25. 蔡敏 :《品评中国十大菜系之京菜篇——

京菜京味细细品》,《中国消费者报》, 2002年11月5日第B03版。

26. 关明：《“全羊席”菜单琐谈》,《四川烹饪》, 1994年第4期。

27. 吴正格：《“全羊席”小考》,《学问》, 2001年第11期。

28. 吕田:《独不见“羊”字的全羊宴》,《中国食品》, 2014年第4期。

29. 杜尚福：《“药目”中的同仁堂及京都乐家史》,《中国文物报》,2014年4月23日第7版。

30. 北京市赴同仁堂企业文化联合调查组：《传统文化与现代文明相融合 建设有中国特色的社会主义企业文化——关于同仁堂企业文化状况的调查报告》,《企业文化》, 1994年第4期。

31. 范红：《清代同仁堂的广告宣传》,《北京档案》, 2009年第3期。

32. 陆建国：《同仁堂与儒商文化》,《中外企业文化》, 2014年第12期。

33. 黄鑫、黄涛：《同仁堂药目和清末药肆的官司》,《中华医史杂志》, 2004年7月。

34. 牟虹 :《同仁堂的几件珍贵文献档案》,《中国文物报》, 2011 年 7 月 6 日 5 版。

35. 胡美玉 :《北京同仁堂博物馆》, http://blog.sina.com.cn/s/blog_a404f6dd0102vya8.html

36. 张颖、于娜等 :《老字号手艺传人 京味文化活辞典》,《华夏时报》, 2008 年 8 月 9 日。

37.《内联升》,《时代经贸》, 2016 年第 1 期。

38. 刘亚力 :《步瀛斋 : 由女人经典到平民品牌》,《北京商报》, 2012 年 6 月 4 日。

39. 孙立立 :《瑞蚨祥 : 源于清朝红火至今的百年老店》,《时代商家》, 2016 年 6 月。

40. 张景云、东佳祺、高正阳、李依 :《“瑞蚨祥” : 从 “字号” 到 “品牌”》,《公关世界》。

41.《戴月轩》,《时代经贸》, 2016 年第 1 期。

42.《书成换白鹅》,《语文教学通讯》, 1985 年第 5 期。

43. 颜斌、王述:《“一得阁” 访问小记》,《前线》, 1961 年第 17 期。

44. 张建安 :《老字号财智传奇故事连载之九 以文会友, 荣名为宝——荣宝斋的文化经营》,《中国中小企业》，2010年第9期。

45. 马镛：《清代科举的官卷制度》,《历史档案》，2012年3期。

46. 吴海涛:《木版水印与水印木刻》,《艺圃》（吉林艺术学院学报），1990年S1期。

47. 刘文雄：《“民间故宫”荣宝斋》，http://www.people.com.cn/GB/198221/198819/198859/12690047.html

48. 张书乐：《内联升：“沉默寡言”的“微营销”》,《销售与市场》，2012年第4期。

49. 厉以宁：《我国老字号企业的状况令人担忧》,《人民日报》，2016年11月11日。